A

DAMA

Título original: *The Lady*

Copyright © 2020 por Gary M. Douglas

A Dama

Copyright © 2020 Gary M. Douglas e Dr. Dain Heer

ISBN: 978-1-63493-547-0

Access Consciousness Publishing

O autor e a editora do livro não fazem qualquer afirmação ou fornecem garantia de qualquer resultado físico, mental, emocional, espiritual ou financeiro. Todos os produtos, serviços e informações fornecidos pelo autor são apenas para fins educacionais gerais e de entretenimento. As informações aqui fornecidas não substituem aconselhamento médico. No caso de usar quaisquer das informações constantes deste livro para si mesmo, o autor e a editora não assumem qualquer responsabilidade por suas ações.

Traduzido do inglês por Ana L. Sanchez

A DAMA

Sendo o que sempre ganha

GARY M. DOUGLAS

ACCESS CONSCIOUSNESS PUBLISHING

ÍNDICE

O QUE É UMA DAMA?

Algumas pessoas consideram falta de respeito, paternalismo ou ofensivo referir-se a uma mulher adulta como dama. Para elas, a palavra "dama" é um termo para alguém que possui pouca inteligência, poder, ou presença no mundo. Elas veem uma dama como uma criatura insignificante, inconsequente e impotente.

Entretanto, na maior parte de nossa história, uma dama sempre foi uma mulher nobre de caráter forte. Ela sempre foi alguém que possuía propriedades e governava sua família, que tinha poder e autoridade sobre os outros.

"Damas" foram mulheres de alta posição social ou autoridade. Elas eram vistas como elegantes, dignificadas, de boas maneiras, além de merecedoras de respeito e devoção. Costumava ser assim: uma dama era uma mulher, mas nem todas as mulheres eram damas.

As damas do passado tinham uma maneira completamente diferente de ser no mundo. Elas sempre souberam quem eram e que estavam no controle, mas também sabiam como receber e não sentiam que precisavam emascular os homens para provar que eram iguais ou melhores que eles.

Considere essas definições do dicionário de inglês Noah Webster's de 1818[1], que oferece uma forma diferente de olhar para o que significa ser uma dama:

---

[1] NT - As definições se referem à palavra inglesa *lady. A tradutora optou por manter a palavra 'dama', embora tal palavra não abarque as mesmas acepções no português que aquela palavra possui no inglês.*

- Mulher que possui direitos de propriedade ou autoridade, principalmente como superior feudal.

- Mulher que recebe homenagem ou devoção de um cavaleiro ou amante.

- A Virgem Maria.

- Mulher de posição social superior.

- Mulher refinada e delicada.

- Pessoa do sexo feminino, frequentemente usada em referência cortês, como em "conduza a dama ao assento".

- Esposa ou ama. (Ama, neste sentido, é uma mulher que governa. Ela é a cabeça de uma família.)

- Um dos vários títulos femininos na Grã-Bretanha. Dama é usada como título costumeiro de uma marquesa, condessa, viscondessa, baronesa ou a esposa de um cavaleiro, baronete, membro da nobreza ou que possui título de cortesia de lorde. Também é usado como título de cortesia para a filha de um duque, marquês ou conde. Dama é uma mulher que é membro de uma ordem de cavaleiros.

Ser uma dama se trata de escolher ser tudo que você é. É saber quem você é e ser grata por isso. Você é quem é, sem ser definida por aquilo que outras pessoas pensam que você deveria ser. Você não possui o ponto de vista de que tem que ser como os outros.

A dama

Recentemente, ofereci uma classe com nove partes, chamada *A Dama*. Durante a classe, pedi aos participantes que assistissem a vários filmes feitos nas décadas de 30 e 40 e, então, tivemos conversas maravilhosas sobre os personagens femininos e masculinos, os relacionamentos entre eles e suas maneiras de ser no mundo. Muitos desses personagens femininos eram damas e foi esclarecedor ver como elas funcionavam no mundo – e como elas são diferentes da maioria das mulheres de hoje.

A ideia de assistir a esses filmes foi de ver como o mundo mudou em termos de como vemos as damas. Nas décadas de 30 e 40, por exemplo, ser uma dama era considerado um produto valioso. Isso mudou ao longo das décadas que se seguiram: na década de 50, sexo se tornou um produto valioso. Na década de 60, uma mulher que não precisava de um homem era um produto valioso. Nos anos 80, uma mulher que não visse o valor de qualquer homem, era o produto valioso. Nos anos 90, uma mulher não precisava de um homem de forma alguma; um homem precisava de uma mulher. E nos anos 2000, é simplesmente esquisito.

Não tem a ver com o que é melhor ou pior. Trata-se de como as coisas mudaram. Sugiro que você assista aos filmes mencionados abaixo e, ao assisti-los, considere estas perguntas:

+ O que é diferente aqui?

+ O que mudou aqui?

+ O que é possível aqui?

Aconteceu naquela noite

O primeiro a que assistimos é um filme brilhante, chamado *Aconteceu naquela noite*, com Claudette Colbert e Clark Gable. Quando foi feito, os produtores pensaram que seria um filme de

3

orçamento barato, que não daria retorno financeiro, mas acabou se tornando um dos filmes mais populares de sua época.

Para mim, uma das grandes coisas no filme é que a heroína, Ellie Andrews, a personagem de Claudette Colbert, está disposta a fugir de seu casamento porque ela sabe que ele é errado para ela. Uma dama sempre se afastará daquilo que não funciona e irá em direção ao que funcionará. Ela é uma pessoa que vê o que é e faz escolhas baseada no que vê. Ela dirá "não" se não quiser fazer alguma coisa. E ela dirá "sim" quando algo funcionar para ela.

Peter Warne, o personagem de Clark Gable, deseja uma mulher que se junte a ele na aventura da vida. Ellie deseja isso. Ele deseja fazê-la feliz e ela está disposta a reconhecer isso, mas muitas mulheres nem conseguem ver um homem que desejaria fazê-las felizes, porque não é o que elas definiram como algo que podem ter ou desejar.

Uma dama é uma inspiração para uma possibilidade

Uma das participantes da classe disse: "Ellie foi uma inspiração para Peter, apenas por ser quem era. Ela não estava tentando ser nada além de si mesma". Exatamente. Uma dama é sempre uma inspiração para uma possibilidade... apenas sendo quem ela é. Ellie vê aquilo que é e faz escolhas baseada no que ela vê.

Uma dama nunca tem que provar nada

Outra participante falou sobre uma cena em particular: "Há um momento, no início do filme, quando Ellie está num ônibus. Ela está sentada ao lado de um homem que está lhe contando o que ele gostaria de fazer com ela. O que ele está dizendo é realmente estranho, mas Ellie apenas fica ali sentada e não responde. Minha reação foi: 'Ai, meu Deus, como ela consegue ficar ali sentada, sem dizer nada?' Quando Peter vai até ela e comenta sobre o cara,

Ellie faz pouco caso e diz algo assim: 'Ah, ele é tão sem graça'. Minha reação foi: 'Uau! Foi uma ótima resposta'. Não acredito que Ellie teria dito qualquer coisa sobre o cara se Peter não o tivesse mencionado."

Quando uma dama reconhece que alguém é sem graça, ela simplesmente se senta e move a cabeça, assentindo. Ela não precisa fazer nada. Ela nunca diz: "Você é tão sem graça" – ela simplesmente não interage com pessoas sem graça.

Em situações como essa, as mulheres querem lutar. Elas querem provar para o homem que ele é um canalha. Entretanto, uma dama nunca tem que provar nada. Ela apenas sabe o que sabe. E se você simplesmente soubesse que alguém é chato e dissesse para si mesma: "Uau, esta pessoa é realmente sem graça" – e ponto final? Como seria não ter a necessidade de engajar com essa pessoa?

Outra observação oferecida: "Sim, mas aquele cara no ônibus não estava apenas sendo sem graça. Ele estava sendo um completo babaca. Ele estava sendo mal-educado. Ele estava fazendo com que ela se sentisse desconfortável, intencionalmente. Eu teria dito: 'Ei! Para! Você está sendo um babaca'."

E por que uma dama não poderia ser gentil enquanto alguém está sendo um babaca? Uma dama não precisa dizer o que sabe. Ela apenas precisa estar consciente disso. Uma das coisas que todos nós precisamos aprender é como ficar calado no momento certo e perguntar: "Se eu abrir minha boca agora, isso vai criar algo diferente?" Na maioria das vezes, falar alguma coisa não vai criar um resultado diferente. Você pode já ter tido a experiência de falar para uma pessoa que ela estava agindo como babaca. Isso a mudou? Ela se tornou menos babaca? Ou se tornou ainda mais irritante, tentando provar que estava certa?

Será que você precisa ofender as pessoas para obter controle? Ou existe outra maneira? E se você fingisse estar dormindo quando está numa situação que alguém está sendo babaca? A outra pessoa pode perceber que está sendo babaca. Quando você "acordar", ela estará diferente. Ou você poderia dizer: "Muito obrigado por compartilhar. Eu preciso dormir agora. Estou muito cansada" – o que é um jeito gentil de dizer: "Você simplesmente me matou de tédio."

Houve outro ponto de vista sobre o silêncio da Ellie: "Se eu estivesse naquela situação, eu teria visto o silêncio como uma crueldade comigo mesma." Porém, uma dama não precisa falar, pois ela sabe que as palavras que saem da boca de um babaca são os peidos da realidade dele. Em algum momento, ele não terá mais peidos. E se você estivesse disposta a estar presente e ver o que acontece?

Uma mulher tem que lutar para *provar* que é forte. Uma dama sabe que é forte e não tem que lutar contra nada.

Uma dama está disposta a dizer o que é verdadeiro para ela

Outra pessoa na classe teve uma preocupação diferente: "No final do filme, Ellie expressa seu amor a Peter. Ela diz: 'Eu não poderia seguir adiante sem você'. Sempre tive o ponto de vista de que se eu dissesse 'não posso viver sem você', o homem daria no pé."

Eu respondi: "É porque os homens que você escolhe *dariam* no pé, mas há homens gentis e maravilhosos que acreditam em ser cuidadosos e carinhosos." Uma dama sempre sabe o que melhora sua vida e ela está disposta a dizer o que é verdadeiro para si. Ela não tem que esconder os sentimentos que tem por um homem. Você precisa reconhecer o homem na sua vida e expressar seu amor e apreciação por ele."

Uma dama também se desculpa quando é apropriado. Uma amiga me contou que o marido dela estava sempre fazendo coisas grandiosas para ela, mas ela não estava vendo-o como uma contribuição para a vida dela. Ela disse: "Tenho tirado vantagem da bondade dele. Como posso me desculpar por ser tão exigente?"

Sugeri: "Comece por reconhecê-lo. Coloque seus braços ao redor dele e diga: 'Sou tão grata por ter você. Você é o maior presente que recebi em minha vida. Sou muito sortuda por ter um homem como você'. Você precisa fazer isso todos os dias." Se você fosse sempre grata por seu parceiro e expressasse essa gratidão, será que ele a amaria mais ou menos?

Você também pode usar um reconhecimento para encorajar um homem que esteja interessado em você. Se gostaria de vê-lo novamente, permita que ele saiba. Diga: "Você é tão interessante. Espero que possamos passar mais tempo juntos."

Por outro lado, não diga "Você é tão interessante" para um homem que somente fala de si mesmo. Se isso é o que ele faz, provavelmente não é muito interessante e você não deseja pessoas tediosas na sua vida. Você quer encontrar um homem que esteja interessado em você e que lhe faça perguntas. Algumas mulheres agem como se homens fossem muito tediosos. Infelizmente, é fácil ver o motivo: a maioria dos homens são tediosos, porque falam de si mesmos o tempo todo e nunca fazem perguntas. Se tudo é sobre ele, reconheça que ele não é alguém com quem você queira conviver.

Uma dama pode ser combativa?

Uma participante da classe destacou como as mulheres nos filmes a que assistimos eram combativas. Ela disse: "Em vários desses filmes, as mulheres são desenfreadamente combativas e parece que têm o respeito dos homens com quem estão. Eu não vejo isso em mim."

Eu respondi: "Você é uma das pessoas mais combativas que conheço! Você fica tentando fingir que não é combativa, mas é fingimento. Quando está sendo combativa, por que simplesmente não admite: 'Estou sendo combativa?' Ria e faça uma pergunta: 'Estou sendo combativa?' ou 'Aquilo foi grosseiro?' Sempre vá para a pergunta. Ela transforma tudo que está acontecendo num espaço onde há mais possibilidade."

Combativa é uma ótima palavra. Suas definições incluem espirituosa, audaciosa, animada, energética, vigorosa, corajosa – e uma dama pode ser todas essas coisas. Que homem deseja uma molenga? Você pode ser combativa *e* ser sexy. Exibir essas duas qualidades dissipará quase todas as situações, até mesmo com outras mulheres. Quando você está disposta a flertar com mulheres, elas ficam inseguras, pois não entendem por que você está flertando com elas. Elas ficam se perguntando: "Será que fiz algo que fez com que ela pensasse que sou gay?"

Entretanto, além de serem combativas, as mulheres nos filmes são vulneráveis com suas emoções. Elas não tentam esconder o que estão sentindo. Elas permitem que as coisas sejam como são. Este é um ponto chave: as damas não tentam ter as coisas de uma determinada maneira. Isso é uma armadilha. Tentar "acertar" alguma coisa acaba com toda a diversão. Se você está tentando acertar, tudo o que consegue fazer é julgar o que está acontecendo. Você não pode escolher o que realmente gostaria de ter. Mulheres combativas, na verdade, são muito divertidas. Elas se divertem porque não estão lutando contra o que está acontecendo. Elas estão permitindo que as coisas sejam como são.

Escolha ser quem você é

Algumas pessoas acham difícil lidar com indivíduos combativos ou intensos. Algumas acreditam que uma dama nunca deveria ser intensa, forte ou exigente. Pessoalmente, vejo intensidade como uma grandeza. É uma qualidade essencial que uma dama tem quando escolhe usá-la. Uma dama sempre tem todas as escolhas disponíveis para si e a intensidade é uma delas. A intensidade real da vida é a escolha e isso é algo que uma dama sempre sabe que tem.

Uma dama que é intensa sabe exatamente o que ela sabe. Ela não está disposta a se fazer de menos para que o outro se sinta confortável. Essa é a intensidade de estar disposta a ser *você*. Você não está disposta a se rebaixar nem um pouquinho para se encaixar. Você pode ser intensa em relação a alguma coisa, mas não tem que fazer isso por meio da força, violência ou raiva. Reconheça que intensidade é uma escolha que você sempre tem.

Receba sua própria intensidade

Uma participante da classe perguntou sobre receber a intensidade dos outros: "Para mim, receber a intensidade de alguém é como ser queimada. Recuso-me a receber pessoas intensas. Há alguma maneira de tornar mais fácil receber intensidade?"

Eu disse: "Você diz que não está disposta a receber pessoas intensas, mas o problema aqui é que você não está disposta a se receber. Na verdade, você é muito intensa, mas você não está disposta a ver os lugares onde poderia ser intensa de uma forma que criaria mais para você. Você acredita que ninguém lhe receberá se for intensa, mas há apenas uma pessoa que pode recebê-la – e esta pessoa é *você*. Se não receber a si mesma, como você espera que os outros a recebam?"

Você está disposta a receber sua própria intensidade? Se não, há apenas uma coisa que você precisa para mudar isso: escolha ser quem você é. Comprometa-se consigo e com sua vida. Tudo que você tem que fazer é dizer: "Receberei quem sou, independentemente do que possa parecer." Você tem que estar disposta a ser o que você **é por toda a eternidade, gostem os outros ou não**.

Quando você se recusa a ser a intensidade que é, consegue receber somente o que decidiu que está disposta a receber – o que é sempre muito menos do que o que você pode ser. Você não quer ser intensa assim; você não quer ser grandiosa assim. Uma vez que se comprometa a receber totalmente sua intensidade, nada pode parar você. Até lá, você parecerá um trapo molhado.

O que você não deseja ver sobre si mesma que, se visse, isso lhe daria tudo que deseja na vida?

"Não se meta comigo"

Não podemos ter medo de usar nossa intensidade. Aqui vai um exemplo: eu e meu amigo e sócio, Dr. Dain Heer, compramos um castelo na Itália e estamos reformando-o. Quando fui ao castelo ver como a reforma estava indo, todos os pisos estavam sendo quebrados. Isso não era o que eu queria que a equipe de construção fizesse. O mestre de obras disse que havia muita umidade no castelo e que quebrar os pisos de pedra era a única maneira de secar tudo. Ele havia tentado provar para mim que os pisos estavam retendo água, derramando baldes de água neles todas as noites. Porém, isso não provou o ponto de vista dele, pois os pisos secaram durante a noite. Ainda assim, ele os quebrou. Ele também decidiu arrancar o telhado e instalar um dispositivo novo nele. Eu também não queria que ele fizesse isso.

Quais eram as segundas intenções dele? Ele fez esse trabalho que não precisava ser feito, pois queria ganhar mais dinheiro. Não hesitei em ser intenso. Eu disse: "Quero esclarecer algo. Detesto o que você fez no telhado. Não mexa mais no telhado."

Ele disse: "Mas o telhado velho vai cair." Eu disse: "Tudo bem. Se cair, que caia. Ele está aí há 200 anos e ainda não caiu. Não se meta comigo. Faça o que eu quero que você faça – ou você me paga." Eu não tive que dizer isso em voz alta. Apenas tive que dizer de forma distinta. Não gritei; apenas fui intenso.

O que você criaria se estivesse disposta a ser e receber a intensidade que você é?

**TAREFA
DE CASA**

**Assista a
*Aconteceu
naquela noite***

A ELEGÂNCIA DA NÃO NECESSIDADE

Uma dama não necessita de nada. Ela tem o que chamo de "elegância da não necessidade". É um dos atributos-chave dela.

A maioria das pessoas funciona a partir da ideia de necessidade: "Preciso ser amada. Preciso que esta pessoa fique comigo. Preciso desta quantia. Preciso morar neste lugar. Preciso que as pessoas que interagem comigo se comportem de uma determinada maneira." Elas pensam que não podem ser felizes, a menos que suas "necessidades" sejam satisfeitas.

As necessidades não são reais. Elas são realidades inventadas. As necessidades que você tem inventado são obstáculos à sua felicidade, sua gratidão e sua alegria. Elas são obstáculos a ter relacionamentos gratificantes. Elas interferem com seus fluxos monetários. Elas machucam seu corpo. Todos os lugares em sua vida onde você possui uma necessidade é um lugar onde você está se limitando.

Veja por exemplo a parentalidade. Há pais que não precisam particularmente de seus filhos. Eles permitem que seus filhos saiam e brinquem com seus amigos. Eles permitem que seus filhos determinem o curso de suas próprias vidas. Ao mesmo tempo, eles os apoiam totalmente.

Ou considere aquelas pessoas que têm um relacionamento onde não parecem ter necessidade de seus parceiros. Amigos perguntam: "Como você pode ficar tranquila quando seu parceiro fica fora uma semana e você não consegue falar com ele?" Está tudo bem para aquela pessoa, porque ela sabe que quando seu parceiro escolhe para si, aquilo vai criar algo mais grandioso para ambos.

Quando funciona a partir de um espaço de necessidades, você está tentando gerenciar, controlar ou direcionar tudo e todos, com base nas necessidades que você decidiu que tem que satisfazer para si. Entretanto, quando você não tem necessidade, as pessoas em sua vida podem ser quem elas são, da maneira que são – e você pode ser quem você é, da maneira que é.

Nessa realidade, somos ensinados que a necessidade nos mantém juntos. Na verdade, a necessidade nos divide. Como seria se você não tivesse necessidade de seu parceiro em sua vida?

Se não tivesse a necessidade de que seu parceiro fosse de uma determinada maneira, você teria gratidão pelo que quer que seu parceiro seja capaz de proporcionar. Você teria gratidão pelo relacionamento que você tem. Se reconhecer o lugar no qual você pode ter qualquer coisa e não necessita de nada, todo o universo será um presente para você.

O que aconteceria se você, como uma dama, começasse a fazer tudo que desejasse e reivindicasse tudo que está disponível para você?

"Mas eu preciso que você precise de mim"

Quando estávamos conversando na classe sobre não ter necessidades, uma senhora compartilhou que, no meio de uma conversa acalorada com o marido, ela disparou: "Eu nunca vou precisar de nada de você!"

Ele respondeu: "Mas eu preciso que você precise de mim!" Ela ficou chocada sobre o que eles disseram um ao outro, pois eram verdades e inverdades ao mesmo tempo. Ela nos contou: "Não sei o que ele necessita de mim."

Muitos homens têm a necessidade de serem necessários. É a maneira como sabem que são desejados. Ao mesmo tempo, muitas mulheres sentem resistência à ideia de ser necessitada por um homem. Elas dizem: "Não quero ser necessária!" Entretanto, uma dama entende isso pelo que é: você não é necessária no sentido de que um homem está sendo carente. Você é necessária a partir do ponto de vista de que o homem deseja saber que você o deseja.

Você pode proporcionar o que outra pessoa necessita?

Se você reconhece o que uma pessoa necessita, você pode proporcionar aquilo de uma maneira que não cause a perda de qualquer parte sua. Se você sabe que seu parceiro precisa ser necessário, você poderia proporcionar isso para criar algo diferente para vocês dois? Como seria se você decidisse que o homem está lhe conferindo uma honra quando ele acredita que você pode lhe proporcionar isso?

Como uma dama, você sabe quando as pessoas a desejam e o que elas desejam de você. Se estivesse disposta a reconhecer isso, será que criaria algo diferente do que você atualmente tem?

Dar demais

Às vezes, é difícil para as mulheres ouvirem essas coisas. Elas podem chegar a conclusões que não têm nada a ver com o que eu disse. Uma participante da classe pensou que me ouviu dizer "Você precisa dar a um homem tudo que ele deseja." Entretanto, essa não foi a mensagem.

Conforme conversamos, ela entendeu que vinha dando demais em seus relacionamentos. Ela disse, "Tenho dado tudo de que necessitam e eles simplesmente me deixam."

Respondi: "O que você está dando é mais do que o que noventa por cento das pessoas no planeta podem receber. Você está dando demais. Você tem que estar ciente do que as pessoas são capazes de receber – não do que você é capaz de dar."

E se você pudesse ver o que é necessário
e desse apenas o que as pessoas podem receber?

Dar e receber

Aprender como dar o que as pessoas são capazes de receber – e receber o que as pessoas têm para dar – são duas das maiores lições que você pode aprender. Isto é algo que você, como uma dama, pode fazer. Você está sendo uma dama quando está presente com as outras pessoas e interessada nelas. Está disposta a receber tudo. E dar o que elas são capazes de receber.

Certa vez, uma amiga estava no aeroporto esperando o voo quando notou uma senhora idosa agarrada a seu cartão de embarque e parecendo desnorteada. Minha amiga tentou conversar com a senhora, mas uma não entendia a língua da outra. Minha amiga olhou para o cartão de embarque da senhora e lhe disse que estavam no mesmo voo e que ela estava no lugar certo. Apenas teriam que esperar um pouco. Então, ela se comunicou com o agente no balcão, para se assegurar de que alguém ajudaria a senhora na hora de embarcar no avião. Seu ato de bondade foi completamente recebido pela senhora, ficando tão grata que deixou minha amiga com lágrimas nos olhos.

Mais tarde, quando elas aterrissaram, a senhora foi recebida por pelo menos dez pessoas. Ela lhes contou sobre o ato de gentileza da minha amiga e elas começaram a lhe acenar com alegria, apertando-lhe a mão e agradecendo-lhe incessantemente. Minha amiga disse: "Foi muita gratidão para receber. No passado, talvez eu tivesse dado de ombros e dito algo como 'de nada'. Em vez disso, recebi totalmente a gratidão e a felicidade como o presente que era, o que as fez ainda mais felizes."

E se você pudesse sempre dar o que poderia ser recebido e recebesse o que está sendo dado?
Você pode ver a facilidade que seria possível com isso?

VOCÊ CONSEGUE RECEBER
QUE VOCÊ É UMA DAMA?

A elegância de ser uma dama começou a desaparecer há cerca de cem anos, quando o *Women's Lib* (Movimento de Libertação das Mulheres) entrou e a dama saiu. Isso teve um impacto incrível na maneira como as mulheres são no mundo, a maneira como elas se veem, a maneira como elas trabalham e os relacionamentos que elas criam – e isso afetou profundamente a habilidade das mulheres de receber em todas as áreas de suas vidas.

Consciência é a habilidade de estar presente em sua vida, em cada momento, sem julgar a si mesmo ou qualquer outra pessoa. É a habilidade de receber tudo, não rejeitar nada e criar tudo que você deseja na vida – de maneira mais grandiosa do que você atualmente tem e mais do que imagina.

A disposição de receber é o componente-chave de um relacionamento feliz e é a qualidade-chave que distingue uma dama de uma mulher.

Receber é uma de nossas capacidades mais grandiosas e, mesmo assim, a recusamos mais dinamicamente do que qualquer outra coisa. Quanto da sua vida você passa fazendo, fazendo, fazendo em vez de recebendo?

Com que frequência você está presente e é capaz de receber o pôr-do-sol acontecendo do lado de fora da sua janela? Ou sua primeira xícara de café na manhã? Ou um beijo de seu amado? E como você é recebendo dinheiro?

E se você pudesse receber tudo exatamente como é,
sem julgamentos? Como seria?

Você acha que tem que fazer tudo sozinha?

Um dos efeitos do Movimento de Libertação das Mulheres foi convencer as mulheres de que elas eram capazes de fazer tudo sozinhas. Uma participante da classe colocou desta forma: "Eu gostaria de receber de todos, mas em vez disso, me sinto como se precisasse provar que posso fazer tudo sozinha e que sou tão forte e capaz que não preciso de ninguém." Muitas mulheres pensam dessa maneira. Uma mulher me contou que um homem havia se oferecido para carregar suas compras, subindo sete lances de escada, mas ela não aceitou. Ela precisava provar que podia fazer isso sozinha.

Eu experimentei pessoalmente essa necessidade que algumas mulheres têm de fazer tudo sozinhas. Em uma viagem a Nova York, abri a porta para uma mulher e recebi uma reação inesperada. Achava que isso era ser cavalheiro; foi o que aprendi a fazer quando criança. A mulher me deu um soco e disse: "Não sou fraca. Não preciso que você faça isso por mim."

Por que abrir a porta para alguém ou oferecer para carregar suas compras não seria visto como um gesto de gentileza? Os homens têm que aprender a honrar as mulheres – e outros homens também. O mesmo se aplica às mulheres. Nós todos temos que aprender a honrar uns aos outros, dando o que pode ser recebido e estando dispostos a receber o que é feito para nós como um presente. Trata-se de dar e receber gentileza.

Você pede a um homem para fazer coisas para você? Ou você recusa a ajuda deles quando a oferecem? Você tem aquela atitude de: "Não quero que eles façam nada para mim."? Uma dama está sempre disposta a receber o que um homem lhe oferece.

O que você não está disposta a receber dos homens?
E se ser uma dama significasse que os homens fariam
qualquer coisa que você desejasse?
Você estaria disposta a receber isso?

O verdadeiro receber

A disposição de receber é um componente-chave num relacionamento feliz. É essa qualidade que distingue uma dama de uma mulher. Enquanto falávamos do filme *Aconteceu naquela noite*, uma participante da classe disse: "Parece que Ellie inspirou Peter a tomar conta dela e a embarcar na jornada com ela." Concordo. Isso aconteceu porque um estava disposto a receber do outro. Eles estavam dispostos a ser algo diferente do que o que pensavam que deveriam ser e estavam dispostos a receber quem a outra pessoa era.

A maioria das pessoas não compreende o que é o verdadeiro receber. Elas criam um universo disso ou daquilo, no qual há coisas que receberão e outras que não receberão. Porém, o verdadeiro receber se trata de receber tudo e todos sem julgamento ou resistência. O verdadeiro receber é, na verdade, total conscientização. Todo ponto de vista fixo que você adota é algo que você escolheu para provar que não tem que receber. Entretanto, há outra opção: você pode escolher receber um universo de total possibilidade.

Qual foi a última vez que você se permitiu receber de verdade?

Verdade, mentiras e julgamento

Uma participante da classe teve um pensamento interessante sobre o Movimento de Libertação das Mulheres (MLM): "Tenho assistido a filmes antigos e realmente estou adorando-os. Vejo que a dinâmica entre homens e mulheres agora é muito diferente do que costumava ser. Pergunto-me como seria o mundo se o MLM nunca tivesse acontecido."

A perspectiva do MLM era de que não se permitia que as mulheres tivessem poder. Porém, será que isso era realmente verdade? Damas sempre tiveram um poder tremendo. Não apenas isso, mas elas também sabiam como usá-lo. Em contraste, considere quantas mulheres atualmente prestam atenção a si mesmas. Elas se param. Elas concluíram que não são dignas do poder e da potência que sempre possuíram.

Você tentou acreditar que não possui potência?

Esta é uma das mentiras mais comuns que as mulheres contam a si mesmas: "Os homens não querem que sejamos poderosas. Eles estão tentando nos manter numa posição inferior." Muitas mulheres escutam essa frase e pensam: "É... isso é verdade". Não é verdade! Isso valida um ponto de vista insano. Você não está criando uma possibilidade quando compra uma mentira. Você está criando a ilusão de que algo é verdadeiro, quando não é.

Uma dama nunca é controlada pelas mentiras de ninguém. Ela nunca compra uma mentira. Ela nunca compra um julgamento. Quando escuta algo assim, ela simplesmente o reconhece pelo que ele é. Ela olha para ele e pergunta: "O que é isso?" E reconhece: "Ah! É uma mentira!" Estar consciente é muito mais divertido do que acreditar em mentiras. A verdade é que há homens que querem criar para você e com você, mas eles foram estripados pelo MLM e pelo ponto de vista de que as mulheres não precisam dos homens.

O que aconteceria se você sempre estivesse disposta a ver
o que é verdadeiro e nunca comprasse mentiras?

Lidando com julgamento

As pessoas frequentemente se enredam nos julgamentos que outras pessoas têm delas. E perguntam: "Como posso lidar com este julgamento?" ou "Como eu deveria reagir quando estou sendo julgada?" O que é julgamento? Julgamento é apenas uma mentira que as pessoas contam a você. Em todo e cada julgamento, há uma mentira. Por que você tornaria uma mentira real?

Como você lida com alguém que está julgando você? Como você responde? Simplesmente reconheça que o julgamento é uma mentira e pergunte: "Qual é a mentira neste julgamento?"

Geralmente assumimos que os outros estão nos julgando. Uma amiga me contou que estava caminhando para o trabalho noutro dia, se sentindo ótima. Uma mulher a cumprimentou na recepção e disse: "Ah! Parece que você se vestiu para uma festa no jardim!" A mensagem imediata que minha amiga recebeu foi: "Suas roupas são luminosas demais para se usar no escritório."

Por sorte, minha amiga teve a presença de reagir de forma diferente do que simplesmente aceitar o julgamento percebido. Ela disse: "É hilário que essa mulher pense que o que estou vestindo é apropriado para uma festa no jardim! Sou tão grata por ter ido para esse lugar em vez de 'Ai, não! Não estou vestida adequadamente!' ou 'Preciso baixar o volume'. O que recebi foi que é hora de elevar ainda mais o patamar de como me visto."

A maioria das pessoas não faz isso com um julgamento. Elas se alinham e concordam com ele, ou resistem e reagem a ele. Elas o compram como se fosse verdade. Elas tentam encontrar valor nele. Ou reagem contra ele e tentam ver como o julgamento está errado. Ou tentam entender por que a pessoa a está julgando. Ou dizem: "Ah não, essa pessoa está me julgando! Isso é terrível. O que posso fazer?"

Por favor, saiba de uma coisa, as pessoas julgam você por uma única razão: elas querem controlá-la. Você pode pensar que não se permitiria ser controlada, mas quando compra o julgamento das pessoas, você está fazendo exatamente isso. Você já está sendo controlada. Você está sendo controlada pela mentira delas, porque acredita que é verdade.

Quantas vezes lhe disseram que a amavam? Você acreditou? Acreditou. Você queria acreditar que o julgamento de que a pessoa a amava era verdadeiro e real. Tudo que a pessoa queria era controlar você.

Uma dama nunca é controlada pelas mentiras dos outros. Quando ela escuta um julgamento, simplesmente o reconhece pelo que ele é. Ela olha para ele e pergunta: "O que é isso?" E vê: "Ah, é uma mentira!" Vou dizer de novo: estar consciente é muito mais divertido do que acreditar em mentiras.

O que aconteceria se você estivesse disposta a ver
o que é verdadeiro e nunca comprasse mentiras?

Total conscientização de tudo

Julgamento é uma forma de evitar o que é e o que pode ser. Ele a distrai de criar aquilo que você deseja; evita que você crie o que é possível. Por quê? Porque quando você julga – quando compra um julgamento ou resiste a ele – você se fecha para a conscientização do que é possível, em favor daquilo que concluiu.

Uma participante da classe, que também é professora, me contou que havia parado de ir à sala dos funcionários na escola dela porque os colegas estavam sempre sentados reclamando e julgando os outros. Ela não queria socializar com eles, então ficava no canto dela. Na nossa classe, ela perguntou: "Como lido com isso? Esse é um exemplo de não ser uma dama?"

Quando você se separa das pessoas de um grupo, você corta sua conscientização. Isso é um problema, porque a intenção é estar consciente de quem no grupo está julgando as pessoas e tentando controlá-las com julgamento. Não é necessariamente certo ou errado; é apenas o que é. Há líderes de opinião em todos os grupos. Se você sabe quem os líderes de opinião são, você pode usá-los, desviar deles ou controlá-los.

Como se controla líderes de opinião? Você descobre quais são as opiniões deles, estando lá e assistindo quando eles fazem seus julgamentos. Quando vir uma abertura, diga inocentemente: "Uau! Nunca vi isso dessa maneira. Como você chegou a esta conclusão?" Aí eles têm que justificar a conclusão deles e você e os outros na sala podem ficar conscientes do que eles estão fazendo. Não evite grupos. Se os evitar, você se torna o efeito deles. A ideia é ter total consciência de tudo.

Faça uma lista de tudo que você decidiu que uma dama é e não é, e tudo que você decidiu que uma dama deve ser.

Quando tiver acabado, leia cada item da lista e pergunte:

- ✦ Isso é realmente verdade?

- ✦ Estou imaginando isso?

- ✦ Estou inventando isso?

- ✦ Será que essa decisão sobre o que uma dama
  é ou não é está me mantendo nos julgamentos,
  agendas, invenções e mentiras do não receber?

Depois, olhe para todas as coisas que você escreveu e pergunte:

- ✦ São julgamentos do que você é?

- ✦ São julgamentos do que você pensa que deveria
  ser?

- ✦ Quais desses julgamentos determinam que você
  não pode ser uma dama ou não tem que ser uma
  dama?

*O que você não está disposta a perceber, saber, ser e receber sobre
como essas coisas são os julgamentos que você usa para decidir o
que você é e o que você não é?*

UMA DAMA NOS NEGÓCIOS

Uma dama nos negócios é uma fonte de poder e consciência. Ela não é a fonte de controle, nem deseja ser. Ela vê tudo que cada escolha vai *criar* e não o que cada escolha vai *controlar*.

Quando uma dama possui funcionários ou equipe de trabalho, ela está disposta a ver o que eles podem contribuir, sem julgá-los ou ter um ponto de vista sobre o que eles fazem. Ela é uma líder que inspira as pessoas a irem além e se tornarem mais. Ela sabe que quando tem pessoas trabalhando com ela, tem que soltar o controle. Controle é a ideia de que você tem que prevenir que alguém faça algo errado antes mesmo de fazerem. Ela permite que as pessoas cometam erros, porque sabe que quando alguém comete um erro ou escolhe algo que não funciona, geralmente não escolhe aquilo de novo. Ela reconhece que a maioria das pessoas não quer fazer um trabalho malfeito.

Controle

Infelizmente, muitas pessoas da área de negócios, tanto homens quanto mulheres, pensam que têm que usar raiva, força e dominação para controlar as coisas ou para fazer com que as pessoas mudem. Uma amiga, que é da área de negócios, se deparou com um membro da equipe fazendo isso. A amiga me perguntou qual seria a melhor maneira de trabalhar com aquela pessoa. Eu disse: "Fique na pergunta", e lhe dei três perguntas para fazer ao membro da equipe:

- Qual o propósito dessa raiva?
- O que você está tentando conseguir com isso?
- Como a raiva lhe cai melhor do que a comunicação?

Você tem que considerar se está criando a partir de força ou fraqueza. A maioria das mulheres pensa que é preciso controlar as coisas o tempo todo. Faz parte de provar que elas estão certas e que os homens estão errados. Elas tentam provar sua força para ver quem podem dominar.

Há muitos anos, eu tive uma chefe. Ela era cruel ao extremo com todas as pessoas que trabalhavam para ela, para provar que era igual a um homem. Ser cruel nunca é um ponto forte; é tentar dominar através de força. Na verdade, é uma fraqueza.

Será que alguém pode realmente controlá-la?

Uma participante da classe falou sobre ser cruel com os homens do trabalho que ela pensa que estão sendo competitivos com ela. "Eu gostaria de parar com isso", ela disse. "Vivo dizendo que não vou mais fazer isso, mas continuo fazendo. São homens que são tão capazes quanto – ou mais capazes do que eu. Há um rapaz no nosso escritório a quem eu especificamente reajo. Ele diz: 'Quero que você faça isso'. E eu digo: 'OK'. E, então, espero um pouco para fazer, simplesmente para *mostrar* a ele. Como posso parar de reagir às exigências dele?"

Perguntei: "Quando ele lhe der uma ordem, o que criaria para você se dissesse: 'Desculpe. Eu não consigo fazer isso. É tão contra a minha natureza que simplesmente não consigo fazer'? O que ele escolheria fazer nessa situação? Ou ainda, como seria se você simplesmente dissesse 'Não!' numa situação como essa? Você tem que olhar para o que sua escolha cria." No momento em que você pensa que alguém é mais capaz do que você, desiste da sua força.

Minha mãe sempre foi uma dama e, às vezes, quando as pessoas lhe pediam para fazer alguma coisa, ela dizia: "Desculpe, acho que não consigo fazer isso." Aí, sempre alguém vinha e fazia para ela. Por que as pessoas faziam isso? Porque ela era uma energia que fazia com que elas quisessem fazer aquilo para ela. Ela era uma *energia*, não uma *inimiga*. Ela não tentava controlar nada, mas sempre sabia como conseguir o que desejava. Uma dama somente fará o que pode ser recebido. Ela nunca fará algo que não possa ser recebido, pois sabe que não vai funcionar.

Muitas mulheres se deparam com situações como essa. Elas passam suas vidas tentando provar que não são as fraquinhas, covardes e sem-peito, que pensam que os homens estão tentando fazer com que elas sejam assim. Por que você tentaria isso? Pode ser que pense que isso coloca você no controle, mas será que alguém pode realmente controlar você? Por que você se preocuparia com alguém controlando você? Por que você tentaria controlar os outros? Por favor, veja como você tenta controlar os outros com as escolhas que faz e pela maneira como as faz.

Uma dama sabe que é única por si só. Ela não tem que estar no controle. Ela toma a frente apenas quando é apropriado. Uma dama também pode ser controvertida, mas ela é controvertida no sentido de que inspira os outros a serem diferentes ou a fazerem algo diferente. Ela não usa força com as pessoas. Ela simplesmente as inspira.

A força de uma dama é a habilidade de manipular quando necessário, ou usar astúcia ou flerte para sempre conseguir o que deseja.

Você escolheu o status de inimiga na tentativa de controlar os outros?

Procure a energia que vai criar uma possibilidade diferente

Uma amiga me contou que ela e o marido estavam tentando fazer com que a prefeitura aprovasse o projeto deles para construir um negócio numa propriedade que possuíam. Ela disse: "Ficou muito complicado, porque um de nossos vizinhos é contra o projeto. Um dia, passei de carro pela propriedade e a vizinha que se opunha ao projeto e estava criando problemas para nós estava na rua. Estava tirando fotos da nossa propriedade com o telefone dela. Pausei por um momento quando a vi, depois pensei imediatamente: 'Quero matá-la!'"

"Entretanto, me perguntei: 'O que isso vai criar se eu parar e falar com ela? E o que isso vai criar se eu não parar? Vamos ver se de alguma maneira posso mudar a energia.' Parei e falei: 'Sabe, isso é uma propriedade particular. Saia do nosso terreno.' Ela disse: 'Não estou no seu terreno e não necessito justificar para você o que estou fazendo.' Voltei imediatamente a pensar: 'Quero matá-la!'"

Perguntei à minha amiga: "O que você poderia ter feito, que lhe teria permitido dominar a situação?"

"Bem, eu poderia ter sido boazinha com ela", disse ela. "Eu reagi de uma maneira que não queria. Eu poderia ter dado uma de boazinha."

Eu disse: "Você não precisava criar conflito. Uma dama não cria conflito."

"Sim, eu sei," ela disse. "Mesmo assim, ainda estou criando."

Quando você cria conflito, tudo que está fazendo é criando um inimigo. É verdade que, às vezes, você tem que estar disposta a criar inimigos. Às vezes, você tem que permitir que os outros escolham fazer de você um inimigo, mas também é possível manipular essas situações de forma a conseguir o que você quer. Como minha mãe costumava dizer: "Você pega mais moscas com mel do que com vinagre." Você tem que olhar para o que vai criar mais em cada situação.

Sempre procure a energia que vai criar uma possibilidade diferente. Uma parte importante disso é saber o que os outros podem receber. Pergunte: "O que essa pessoa pode receber? E não: "O que posso obter dessa situação?" Você tem que estar disposta a ter mudança.

Torne-se uma fonte de poder

Quando você é a fonte de controle, você pensa que tem que controlar as pessoas e forçá-las a fazer coisas. Você pensa que tem que dominar, controlar todos no seu ambiente e ser a fonte de tudo que eles escolhem. Entretanto, como uma dama, você tem que estar disposta a jogar um jogo completamente diferente. Você é a fonte de poder que cria o futuro, a fonte de poder que cria possibilidade e a fonte de poder que cria uma realidade que se expande constantemente.

Quando você é a fonte de poder, você tem uma conscientização do futuro. Você está consciente de como cada escolha que faz, altera todo o resto. É como em *Star Trek*, onde eles tinham um tabuleiro de xadrez tridimensional com três camadas. Cada vez que alguém movia uma peça em um nível, afetava as outras duas camadas do tabuleiro de xadrez. Você tem que começar a funcionar com esse tipo de consciência.

A maioria das pessoas da área de negócios está jogando damas, nem sequer xadrez, muito menos xadrez tridimensional. Elas estão tentando ganhar um jogo unidimensional. Mas quando você é a fonte de poder, você está jogando um jogo maior. Você está criando uma vida baseada em possibilidades multidimensionais e não um sistema de controle unidimensional.

Uma papoula alta

Você, como uma dama, tem o poder de criar algo mais grandioso do que outras pessoas são capazes de criar. Quando está disposta a fazer isso, você cria o espaço para coisas mais grandiosas aparecerem para você e para todos na sua vida. Você tem que estar disposta a ser uma papoula alta – um indivíduo que se destaca e faz coisas extraordinárias e que, como resultado, pode ser ofendido, atacado ou cortado.

Por causa do Movimento de Libertação das Mulheres, a maioria das mulheres não possui o poder de criação que uma dama possui. Elas foram ensinadas a se encarregar ou assumir o controle para que possam criar um *resultado*. Às vezes perguntam: "Como posso ter uma vida que não seja demais?" Elas escolhem uma realidade pequena, previsível, uma realidade "normal" que seja controlável, em vez de uma vida cheia de possibilidades. Elas escolhem não ser uma papoula alta.

Você já se deteve para não ser uma papoula alta? Já se disse coisas como: "Ah, esse cara será um bom parceiro. Ele não vai querer uma vida maior, assim não vou ter que subir mais um degrau para ser uma estrela."? Depois você diz: "Ei, espere aí! Eu quero ser uma estrela!"

Você é a única pessoa que está se parando para não ser uma estrela. Você tem escolha. Se você vai ser a fonte de poder, você tem que escolher uma vida maior. Não estou dizendo que você tem que rejeitar a pequena. É que você não tem que escolher viver com base no pequeno.

Previsibilidade x Possibilidade

Escolher uma vida maior nunca tem que ver com escolher o que é previsível. Por exemplo, uma mulher me contou sobre uma oferta interessante de negócios que um homem lhe fez, mas em vez de olhar para o que era possível com a oferta dele, ela imediatamente quis saber o que era previsível. O que ele iria fazer? Como ele seria? Que valor em dinheiro ele iria aportar? Ela não fez as perguntas essenciais:

+ O que é possível aqui que eu não vi?

+ O que é possível aqui que eu poderia levá-lo a escolher? Porque eu sou uma dama que tem esse tipo de poder.

Ficando na pergunta

Tudo se resume a fazer perguntas ou, como gosto de dizer, ficar na pergunta. Por que fazer uma pergunta? Porque a pergunta coloca você na sua conscientização e uma dama de negócios funciona a partir de consciência, além de fazer escolhas sem chegar a uma conclusão. Conclusão tem a ver com tentar obter o resultado que você pensa que está buscando.

Quando um membro da equipe dela pergunta: "O que eu deveria fazer aqui? Uma dama não diz: "Faça isto". Quando alguém pergunta: "Esta é a melhor coisa a fazer?", ela não diz sim ou não. Ela não diz: "Você está certo". E ela não diz: "Você está errado". Ela faz uma pergunta que cria um espaço, onde as pessoas podem determinar por si mesmas do que elas são capazes e de que estão conscientes que não sabiam. Ela usa perguntas do tipo: "O que você acha que vai criar um resultado mais grandioso?"

Uma dama está sempre criando e escolhendo possibilidade. Ela está sempre perguntando: "O que é possível aqui que ainda não escolhi?"

Que fonte de poder você pode ser que não está escolhendo?

Sem julgamento

No final das contas, ser uma dama de negócios se trata de não ter julgamentos. Tem a ver com ficar na pergunta e escolher a possibilidade de um futuro mais grandioso, o que é uma realidade tremendamente maior do que a maioria das pessoas está disposta a ter. Uma dama não funciona como se estivesse sujeita a essa realidade. Ela funciona a partir deste espaço: "Minha realidade é *essa*", o que é uma incrível fonte de poder. Ela usa estes tipos de perguntas:

+ O que você acha que vai criar um resultado mais grandioso?
+ Que tipo de resultado você está buscando?
+ O que é que você deseja?
+ Que escolha você poderia fazer que criaria mais?

Leve as pessoas a verem onde elas são criadoras

Conversei com uma amiga que estava arrumando espaço na sua agenda de trabalho para fazer outras coisas. Ela vinha deixando de lado a própria vida pelo negócio e entendeu que essa não era a maneira como queria viver. Ela me disse: "Estou determinada a mudar isto, mas ainda estou lidando com o quanto isto é desconhecido para mim e para as pessoas que trabalham comigo."

Perguntei: "O que aconteceria se você chegasse no trabalho e dissesse: 'Uau, as coisas parecem diferentes aqui! O que vocês mudaram que está tão agradável?' Isso criaria mais? Acho que sim, pois seus funcionários começariam a ver que são criadores. Leve as pessoas a verem as maneiras pelas quais elas são contribuição e criação. Fazendo isso, elas se tornam mais. E você também."

Seus funcionários sempre têm um ponto de vista. Faça perguntas a eles. Se quer começar algo novo, você poderia dizer "Acho que se acrescentarmos isso ao negócio, talvez ele expanda. O que você acha?" Ou: "O que você faria para expandir este negócio?" Faça perguntas a si mesma também. Por exemplo, se estiver começando um novo negócio, pergunte: "Que tipos de fluxos de receita posso criar com este negócio?" Uma dama sempre faz uma pergunta.

Uma dama de negócios sempre escolhe ser uma líder. Por quê? Porque ela vê o valor do que ela tem a oferecer e não se fará de menos ou se negará de nenhuma maneira. Minha amiga Chutisa é um grande exemplo de dama de negócios que está escolhendo ser uma líder. Ela não é apenas uma dama de negócios; ela é uma dama, independentemente do que ocorrer. Ela sempre está olhando para o futuro. Ela não pratica aspereza e raiva. Ela não precisa, pois faz perguntas e funciona a partir de um sentido maior de conscientização.

Quando está verdadeiramente disposta a criar, você conquista a realidade de todas as outras pessoas. Uma dama sempre se adapta às circunstâncias para criar mais. Ela está sempre disposta a perguntar: "Que outras coisas são possíveis aqui?" Adaptar-se a algo é muito diferente de fazer concessões. Fazer concessões é o ponto de vista de que você tem que desistir de algo para estar com alguém. Uma dama nunca desiste de parte de si mesma para estar com outra pessoa – um cavalheiro também não. Ambos sempre têm clareza sobre o que funciona para eles. Eles sempre perguntam, "Como podemos fazer isso de forma diferente?" Essa pergunta cria uma possibilidade diferente. Esteja disposta a reconhecer que todas as coisas podem mudar. Pergunte: "O que mais é possível aqui?" Fique na pergunta do que você pode criar e como pode criar.

Força verdadeira

Muitas mulheres identificam força de maneira equivocada. Elas decidem que estar certa é o que é forte. Porém, a verdadeira força não se trata de estar certa ou errada. A verdadeira força tem a ver com reconhecer as possibilidades de todas as coisas e estar disposta a escolhê-las – sem se importar se alguém mais vai acompanhá-la.

Se você preferir estar certa a estar consciente, para provar que está certa, inevitavelmente pegará um ponto de vista que valide a insanidade que você escolheu. Há muito disso acontecendo atualmente. A validação da insanidade de alguém nunca é verdade.

Uma dama nunca tem que estar certa e nunca tem que estar errada. Ela apenas tem que ser forte o suficiente para ver as coisas como são. Ela tem a disposição de ver o que quer que se apresente a ela exatamente como é. Ela pergunta:

+ O que é isso?

+ O que faço com isso?

+ Posso mudar isso?

+ Realmente quero mudar isso?

+ Se sim, como mudo isso?

Se você tem que estar certa, então não é uma líder de verdade. Você é apenas alguém que está no controle. Você está no comando. Mas isso não a torna certa – e, além disso, você termina tendo que fazer todo o trabalho.

Que julgamentos, agendas, invenções e mentiras você está usando para criar uma vida pequena, previsível e discreta, que nunca requer que você seja uma dama que cria possibilidade com cada escolha que faz?

**TAREFA
DE CASA**

**Você escolheu criar sua vida de forma que ela não seja
algo além do que você possa lidar?**

**Quantos julgamentos você fez para decidir com que
coisas não poderia lidar?**

Faça uma lista desses julgamentos.

COMPETIÇÃO

Uma amiga que é cantora de ópera me contou que estava se preparando para uma realidade mais grandiosa em sua vida, participando de uma competição de canto.

Perguntei: "E se você estivesse disposta a ir além da competição? E se você visse este concurso não como competição, com vencedores e perdedores, mas sim como uma oportunidade para você brilhar? E se você não estivesse tentando obter certo resultado com sua performance? E se você estivesse disposta a ser você, independentemente do ponto de vista dos outros sobre quem você é ou do que pode fazer?"

Quando está interessada em possibilidade, você sempre ganha

Por favor, pare de acreditar que competição é real. Pare de se comparar com os outros. Só quando está interessada em competição é que você perde. Em vez disso, interesse-se por possibilidade. Quando você está interessada em possibilidade, você sempre ganha. Nunca se trata de buscar um resultado em particular. Tem a ver com perguntar: "O que mais é possível aqui?"

Um mundo diferente existe quando você está disposta a funcionar dessa maneira. Quando você vir as pessoas competindo, faça algumas perguntas:

✦ O que é que elas têm que ter?

- O que é que elas estão tentando obter quando escolhem esta competição?

- O que é o mais importante para mim?

Quando você faz estas perguntas, pode desenvolver uma conscientização do que é importante para outras pessoas – e, mais importante ainda, o que é importante para você.

Generosidade de espírito

Quando eu era criança, costumava ir a competições de soletração e sempre ficava em segundo lugar. Eu obtinha esse resultado não porque não conseguia soletrar uma palavra em particular, mas porque eu sabia o quanto a outra criança ficaria arrasada se eu ganhasse. Então, escolhi deixar que ela ou ele ganhasse. Mais importante para mim era saber o que eu poderia ter feito, do que provar que eu poderia ganhar.

Algumas pessoas poderiam dizer: "Tudo bem, mas você não é responsável pela maneira como a outra pessoa se sente." Ok, mas para mim, é uma maneira de ter certeza de que você não é generoso de espírito. Se você soubesse que a outra pessoa precisava ganhar, você se importaria se perdesse? Se tivesse a habilidade de ser uma grande cantora de ópera numa competição e soubesse que alguém morreria se não chegasse a ser isso, será que teria que provar que você é uma grande cantora de ópera? Ou você poderia simplesmente ser a grande cantora de ópera que é? - não importando se os outros veem ou não o que você tem capacidade de ser.

Quando você não é generosa de espírito, você faz coisas a partir do ponto de vista de que tem uma necessidade ou de que lhe falta alguma coisa, o que quer que seja. Você pensa que ganhar uma competição vai preencher essa necessidade. Essencialmente, você está dizendo: "Sinto falta de que as pessoas me reconheçam.

Sinto falta de que as pessoas estejam cientes de quem sou e que me vejam." Eu tento nunca ter o ponto de vista de que sinto falta de algo. Se as pessoas virem o que sou e o que faço, que maravilha! Se não virem o que sou e o que faço, não me importa. Por que não me importa? Porque não é importante para mim como os outros me veem. É importante para mim como eu me vejo. Não tenho que ter pessoas me reconhecendo. Escolho ser por mim.

O reino de *Nós*

Trata-se de funcionar a partir do Reino de *Nós* e não do Reino de mim. O Reino de mim tem que ver com descobrir o que você quer, como se tivesse que ser separação de todos e de tudo. O Reino de *Nós* é uma conscientização da unidade e da consciência. É uma consciência que inclui tudo e não julga nada. Nossa consciência do que é possível aumenta exponencialmente à medida que nos tornamos mais conscientes de como todas as outras coisas estão interconectadas. Trata-se de viver como a unidade que verdadeiramente somos.

Infelizmente, a maioria das pessoas não tem o Reino de Nós como uma realidade. Elas tentam funcionar a partir do ponto de vista da *minha pessoa,* de *mim* e de *mim mesmo.* Elas pensam: "O que é importante para mim? Tudo! O que é importante para os outros? Nada!"

O Reino de *Nós* inclui todos – todo o mundo. Trata-se de perguntar: "Como posso criar mais para as pessoas? O que posso escolher que criará mais para todos?" Este é o ponto de vista que uma dama tem. A menos que a dama volte a existir, nosso planeta vai continuar a sofrer.

Que energia, espaço e consciência posso ser para criar mais possibilidades para o Reino de Nós por toda a eternidade?

E se a competição não fosse parte do nosso mundo?

Uma dama nunca está interessada em competição ou em como as pessoas a veem, tampouco tem que se exibir ou "ganhar". Ela simplesmente é. Ela está sempre buscando o que é possível. E se você estivesse sempre disposta a brilhar? E se competição não fosse parte do seu mundo? E se houvesse apenas possibilidade?

Honestidade real é saber o que você quer escolher. Você quer escolher o que lhe traz dinheiro? Você quer escolher o que lhe traz possibilidades? Você quer escolher o que ajuda a todos ao seu redor? Pergunte-se:

✦ O que exatamente eu desejo de verdade?

✦ O que verdadeiramente desejo criar e gerar?

GENEROSIDADE E ELOGIOS

Uma participante da classe nos contou como ela percebe os homens que frequentam a academia dela. Ela disse: "Eles parecem tão infelizes. Eles cortaram totalmente a *sexualness* deles. A energia deles é simplesmente sem graça, o que é deprimente. O que mais é possível?"

O que ela estava realmente me perguntando era: "Como você reanima alguém?" Eis o que você pode fazer como uma dama: ser um convite a possibilidades.

As mulheres não sabem como convidar os outros a possibilidades, mas damas sabem. Sugeri à participante que dissesse a um homem na academia. "Uau sua companheira é sortuda de ter um homem com a sua aparência!" Uma dama reconhece que ela é única e que os outros querem ser únicos também. Ela vê o que é diferente sobre as pessoas, sejam elas homens ou mulheres, e ela as elogia.

Como seria se você estivesse disposta a se ver como o presente que você realmente é e o presente que pode ser para os outros?

Minha mãe, que era uma dama, fazia com que os homens se sentissem fortes e incríveis, e sem um milímetro de flerte. Ela simplesmente elogiava as pessoas. Eu a observava fazer isso e pensava: "Que lindo! Como ela faz isso tão naturalmente?"

Generosidade é parte de ser uma dama

Você está sendo uma dama quando está presente com outras pessoas, interessadas nelas e disposta a receber quem elas são. Um livro ótimo, intitulado *Marlene Dietrich*, escrito por sua filha, Maria Riva, revela como Marlene Dietrich sempre elogiava e apoiava as pessoas ao redor dela. Ela cuidava delas e lhes comprava presentes. Consequentemente, quando pedia algo, lhe davam instantaneamente, porque ela sempre era generosa e elegante. Generosidade é uma grande parte de ser uma dama e é algo que você tem que aprender e praticar.

Nada ocorre sem uma equipe

Uma dama que trabalha no teatro me contou sobre sua mentalidade de equipe. Ela disse: "Quando trabalhava na produção, sempre conversei com todos, não apenas com os outros atores. Eu reconheço todos e os incluo nas conversas. Nunca tive o ponto de vista de que uma pessoa é melhor ou pior do que a outra."

Isso faz todo o sentido, não faz? Uma produção teatral não pode continuar se todos não estiverem contribuindo. Não é que uma pessoa é uma estrela enquanto a outra é um assistente de palco. Sem o assistente de palco, a estrela não pode fazer o que ela faz. Quando você trata a todos como o presente que eles são, tudo fica mais fácil.

Isso é verdadeiro em qualquer ambiente de trabalho, onde as pessoas estão em papéis diferentes. Nada ocorre sem uma equipe. Quando há uma equipe, as pessoas ocupam seus lugares e fazem o trabalho das outras, se necessário. Pense em como isso ocorre em certos grupos de animais e como isso promove a sobrevivência da totalidade do grupo. Entretanto, os humanos foram conduzidos à sobrevivência de indivíduos, não da totalidade. Uma dama, entretanto, nunca trabalha simplesmente para si; ela está trabalhando para todos. Você tem que manter a sobrevivência da totalidade.

Ser sempre uma dama significa tratar as pessoas de forma que mostre que você é grata pelo que elas estão fazendo. Faça isso e elas vão querer fazer ainda mais por você.

VENDO AS SEGUNDAS
INTENÇÕES DAS PESSOAS

Uma participante da classe falou sobre seu marido ser um dos mais incríveis manipuladores que ela já tinha visto. "Observo a maneira como ele manipula as pessoas, inclusive a mim", disse ela. "Porém, nunca consigo ver bem como ele faz isso. Parece que ele sempre tem um truque. É incrível."

Sugeri que ela começasse a perguntar: "Quais são as agendas dele?" Quando você não está disposta a ver as segundas intenções de alguém, você fica cega para aquilo, o que interrompe o seu recebimento de muitas informações.

Ver as segundas intenções de alguém é especialmente útil quando você estiver lidando com um homem ou uma mulher que usa drama e trauma para controlar uma situação ou conseguir o que quer. Você consegue ver de que se trata o drama? Você consegue ver as agendas da pessoa? Ou você diz: "Esta pessoa é uma perfeita rainha do drama. Odeio rainhas do drama!"

Quando você odeia rainhas do drama, você as rejeita. Ao fazer isso, não consegue ver o que estão realmente fazendo e não consegue ficar ciente das segundas intenções delas. Resistir ou reagir a algo que alguém está fazendo significa que você tem que cortar sua conscientização. Odiar algo significa cortar sua conscientização. Ficar com raiva significa cortar sua conscientização. Você corta sua conscientização e fica cega para as segundas intenções da pessoa, de forma que todas as vezes que uma rainha do drama explodir em trauma e drama, você não será capaz de ver o que ela está realmente fazendo.

Você não consegue ver o que é possível mudar, ou o que é possível ser ou fazer diferente, ou o que poderia controlar ou criar. Como resultado, a rainha do drama sempre consegue o que quer, que é tudo o que elas realmente querem. O propósito do trauma e do drama é que você as deixe em paz para que elas não tenham que fazer nada e você tenha que assumir todo o peso.

Porém, se você perguntar: "Quais são as agendas dessa pessoa sendo uma rainha do drama?", você poderá controlar a situação com facilidade. Você pode se perguntar: "O que funcionaria aqui?" Você também pode perguntar à rainha do drama: "O que você gostaria de ser ou fazer de forma diferente aqui?" Isso funciona porque elas têm que sair do drama para responder à sua pergunta.

Ou você pode dizer: "É óbvio que isso está lhe deixando muito chateada. O que você gostaria de ver acontecer aqui? Então, você pode perguntar: "Como você acha que isso pode mudar ou se resolver?" Você coloca a pessoa trabalhando para resolver o seu próprio problema e ela vai parar de ser tão dramática. Ela está tentando lhe controlar usando drama e isso funciona, mas somente se você não estiver disposta a ver o que ela está fazendo.

DINHEIRO

Várias amigas me contaram que suas avós são damas, mas suas mães não são. Isso é por que as mães delas foram parte da geração do Movimento de Libertação das Mulheres, enquanto as avós foram parte de uma geração na qual ser uma dama era um produto valioso. Isso as fez a fonte do dinheiro.

Infelizmente, o MLM eliminou o lugar onde uma dama poderia ser uma dama, independentemente de suas circunstâncias. Isso as convenceu de que elas estavam sendo oprimidas e que tinham que ter dinheiro para ser quem elas queriam ser. O dinheiro se tornou um julgamento do seu valor em vez de uma escolha disponível para ela. Uma dama sabe que ela tem todas as escolhas disponíveis, tenha ela dinheiro ou não. O presente de ser uma dama é saber que ela pode mudar qualquer coisa.

Muitas pessoas têm o ponto de vista de que uma dama sempre vem de família com dinheiro ou tem dinheiro, mas não há definição de uma dama baseada em ter dinheiro. A maioria das damas sabe que terá dinheiro. Ao mesmo tempo, uma dama sabe que pode ser quem ela é, com ou sem dinheiro. Ela não tem que ter dinheiro para ter possibilidade.

Uma dama tem expectativa de riqueza

Uma participante da classe do México falou sobre vir de um passado de damas. "Cresci sendo uma dama" – disse ela – "mas tenho o ponto de vista de que é grosseiro lidar com dinheiro e que damas não fazem isso. Como posso acessar a energia de ser uma dama com relação a criar riqueza?"

Enquanto uma dama sabe que pode ser quem ela é com ou sem dinheiro, a maioria das damas sempre consegue ter dinheiro. Elas conseguem criar dinheiro porque estão dispostas a ser a fonte do dinheiro. A maioria das pessoas tenta ver como pode conseguir dinheiro – o que elas têm que fazer para conseguir – como se fosse difícil encontrar. Porém, a atitude de uma dama não é: "Vou ter dinheiro." É: "Sou a fonte de dinheiro." Você não tenta conseguir ou ter dinheiro. Você é a fonte dele.

Uma dama sempre tem a expectativa de riqueza e ela não tem que trabalhar duro para criá-lo. Perguntei à dama do México: "E se dinheiro fosse tão simples como abrir sua bolsa e vê-lo ali? Pode ser assim, se estiver disposta a funcionar como a dama que você verdadeiramente é."

Uma dama é uma verdadeira guerreira. Ela somente mata quem ela tiver que matar e nunca é grosseira (exceto de propósito, quando a manipulação exigir). É o mesmo com obter dinheiro – ela faz de propósito. O ter nunca é um acidente. Ela pode obtê-lo através de manipulação de dama ou superioridade descarada. Ela obtém o que deseja, mas não o faz com força ou negatividade. Ela o faz pedindo.

O que você pode fazer ou ser para obter ainda mais dinheiro com
total facilidade?

UMA DAMA NÃO TEM QUE TER DINHEIRO PARA TER POSSIBILIDADE

Uma dama com dinheiro

Algumas damas que possuem boas joias e roupas pensam que se se vestirem de maneira elegante vão parecer "demais". Eu digo: "Vista-se elegantemente todo o tempo!" Se a ideia é ter tudo o que deseja na vida, você tem que ter estilo e classe, de forma que as pessoas ricas venham procurar por você e as pobres, que ficam intimidadas por você, desapareçam.

Um dia, Dain chegou em casa com uma pilha de mais de um metro de altura de roupas novas. Ele disse: "Decidi me livrar de todas as minhas coisas de baixo nível – as coisas que uso quando estou desleixado. Não vou mais ficar desleixado. Vou mostrar o melhor de mim o tempo todo." Quando ele começou a fazer isso, as garçonetes pararam de dar em cima dele e moças com dinheiro começaram a flertar com ele. Opa! Se você quer que garçons tentem levá-la para casa, continue se vestindo de forma pobre. Se você quer que homens com carros bacanas a convidem para sair, vista-se de forma elegante.

Quando estiver escolhendo suas roupas, pergunte: "Se eu vestir isso, conseguirei um homem que vai me sustentar? Ou conseguirei um homem que vai tirar de mim?" Se você se vestir de forma pobre, os homens sem dinheiro vão vir atrás de você. Você continua procurando os pobres que a amarão? Muitas mulheres se sentem atraídas por esses homens, pois sabem que podem deixá-los. Essa é a razão pela qual elas os escolhem.

Quando você faz isso, sempre haverá pessoas que dirão: "Você é metida. Você se acha o máximo." Eu respondo a isso com: "Sim e qual é o problema?"

E geralmente a pessoa diz algo assim: "É que, sabe, nem todo mundo tem dinheiro."

Então digo: "Sim, eu sei. Entretanto, eu quero ter dinheiro. Não me importa o que se requer. Vou ter dinheiro." É um universo completamente diferente, quando você está disposta a reconhecer o que está disposta a ter e se lança nessa direção.

Você está escolhendo os homens que pode abandonar em vez dos homens que a manteriam no estilo ao qual você está disposta a se acostumar?

Nunca diga a um homem que ele é rico

Uma participante da classe falou sobre estar saindo com um homem que ocasionalmente dizia: "Sabe, eu não sou rico." Ela disse: "É estranho. Soa como uma mentira. Sempre digo a ele: 'Na verdade, você é rico sim.'"

Sugiro nunca dizer a um homem que ele é rico. Quando um homem diz que ele não é rico, faça disso uma piada. Diga: "Meu amor, ainda assim eu amo você. Se eu estivesse saindo com você pelo seu dinheiro, você estaria me dando muito mais joias do que me dá." Ou: "Eu não amo você pelo dinheiro. Eu amo você pelo seu corpo maravilhoso." A menos que ... você está com ele pelo dinheiro?

Eu lhe perguntei se ela estava com ele pelo dinheiro. Ela garantiu que não. E disse: "Ele sabe o que eu gostaria de ter em minha vida, mas eu nunca peço a ele." Ela nunca lhe pede dinheiro, pois é uma dama.

Que energia, espaço e consciência você pode ser que lhe permitiriam ser a dama infinita com possibilidades infinitas e futuros infinitos que você realmente é por toda a eternidade?

Stella Dallas

Outro filme que ilustra alguns dos princípios de ser uma dama é *Stella Dallas,* com Barbara Stanwyck. É um filme fascinante e subestimado sobre uma mulher que decide que quer "uma vida melhor" e que casar com um homem por dinheiro iria lhe dar isso. Ela consegue? Não. Primeiro, ela não estava disposta a olhar para o que a escolha dela iria criar - e o marido se divorcia dela. É um filme brilhante, cheio de sutilezas e, no final das contas, Stella mostra que *é* uma dama.

Nos filmes, o que frequentemente se vê são pessoas pobres pensando que dinheiro é a resposta. Também se vê gente endinheirada achando que beleza é a resposta. Também se vê gente com classe inata, pensando que a classe delas é um problema. E então, há uma pessoa como Stella Dallas. Stella é, na verdade, bem vulgar e comum, mas no fundo ela é uma dama, pois vê que sua filha possui uma capacidade maior para a felicidade e a riqueza do que ela, então Stella faz o que é necessário para dar à sua filha a oportunidade de escolher uma vida diferente. Uma dama sempre procura aquilo que será o futuro, sem concluir ou presumir um ponto de vista sobre ele.

Gentileza

O filme *Stella Dallas* mostra outro aspecto importante de ser uma dama: a capacidade de ser gentil. Helen, a viúva rica com quem Stephen Dallas se casa depois que se divorcia de Stella, é uma verdadeira dama e cheia de classe. Em certo ponto, ela convida Stella para sua mansão e a trata como toda pessoa deve ser tratada – com graciosidade, gentileza e sem uma gota de julgamento.

Graciosidade é uma das chaves para ser uma dama. Uma dama sempre é graciosa e gentil. Ela nunca é cruel, pois nunca tem que ser. Uma dama nunca fica desconfortável; ela lida com tudo. É um dos dons que ela tem. Ela está disposta a estar presente da maneira como é e nunca é menos do que isso.

Algumas pessoas acreditam que se formos gentis, vão tirar vantagem de nós, mas ninguém pode tirar vantagem de uma dama de verdade. Ela é gentil, pois escolhe ser gentil. Uma amiga me contou que o pai dela costumava dizer: "Querida, você é gentil demais. Fico com medo de que tirem vantagem de você."

Eu lhe disse que seu pai não confiava que sua filha soubesse o que estava fazendo.

Minha amiga sorriu e disse: "Sim, eu vejo como sempre funcionei a partir do saber, mesmo quando ainda era criança." Isso é verdade para todos nós. Temos funcionado a partir do nosso saber e de nossa gentileza inata por muito mais tempo do que pensamos. Isso é parte de quem somos. Porém, temos que escolher sê-lo.

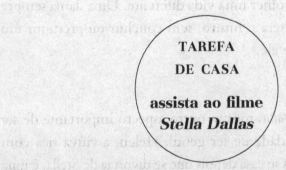

TAREFA DE CASA

assista ao filme *Stella Dallas*

COMO UMA DAMA
SE VESTE?

"**I**nteressante," disse uma participante da classe, "que a elegância de ser uma dama morreu cerca de cem anos atrás, quando o Movimento de Liberação das Mulheres apareceu. Meu corpo adora usar joias que tenham pelo menos cem anos de existência, pois são tão elegantes e bonitas. Mas acho a maioria das roupas modernas muito desconfortáveis no meu corpo. Não tenho certeza de como lidar com isso."

Sugeri que ela olhasse para o que as damas estavam usando há cem anos e visse se gostaria de usar aqueles tipos de roupa. Sugeri que encontrasse alguém que pudesse fazer roupas que o corpo dela adorasse e que funcionassem para ela. Por exemplo, que tal capas? Por que capas eram tão populares há cem anos? Porque há uma elegância nelas. Há uma maneira que você pode se movimentar quando está usando uma, que faz com que as pessoas olhem para você de forma diferente. Não é isso que você quer numa roupa?

Escolhendo roupas que você realmente gostaria de usar

Tenho uma amiga que está com um pouco de sobrepeso e usa vestidos que parecem sacos. Ela sempre gostou de homens que se sentem atraídos por mulheres magras que usam roupas coladas no corpo. Um dia, ela perguntou: "Por que esses caras não me escolhem?" Eu sou muito melhor do que as mulheres que eles escolhem."

Esses caras escolhem mulheres que vão apoiar a realidade deles. Eles usam as mulheres como uma imagem do que eles querem mostrar para os outros. Muitas mulheres foram ensinadas a concordar com isso.

+ Você foi ensinada que tinha que ser o apoio de um homem e não uma criadora por si só?

+ Você já teve um homem que estava disposto a apoiar você e sua carreira?

+ Você vem se vestindo para um homem que é grato por sua carreira e que apoia você?

+ Você está se vestindo para um homem que a vê como um presente para ele?

+ Aqui vão três ferramentas de Access Consciousness que você pode usar:

1. Interessante ponto de vista

A primeira ferramenta é o *Interessante ponto de vista*. Esta ferramenta a convida a considerar os pontos de vista que adotou sobre qualquer assunto na face da Terra – inclusive suas roupas – e a libera dos mesmos.

Numa das classes do Dain em Roma, alguém disse: "Você precisa de dinheiro para viver nesta realidade!" A maioria das pessoas concordou. Porém, e se essa afirmação fosse apenas um interessante ponto de vista, em vez de algo em que você tivesse que investir sua energia?

E se cada ponto de vista que você tem sobre tudo na sua vida – inclusive suas roupas – não fosse fato, verdade, nem realidade? E se cada ponto de vista não fosse nada mais do que um interessante ponto de vista? E se você não tivesse que se alinhar e concordar com nada, nem resistir ou reagir a nada, inclusive as coisas que você fez, disse, pensou ou vestiu? E se pudesse deixar um ponto de vista ser o que é – apenas um interessante ponto de vista?

Veja como se faz: pense numa situação em sua vida, onde você teve que adotar um ponto de vista sobre algo. Pegue esse ponto de vista e diga a si mesma: "Interessante ponto de vista que eu tenho esse ponto de vista". Espere um minuto e veja o que acontece. Perceba a energia dessa afirmação sobre dinheiro – "Você precisa de dinheiro para viver nesta realidade!" – e, mais uma vez, diga: "Interessante ponto de vista que eu tenho esse ponto de vista." Como essa afirmação lhe parece agora?

A maioria das pessoas conta que após dizer "interessante ponto de vista" várias vezes, o ponto de vista desaparece. A energia simplesmente se vai. Em vez de se agarrar ao ponto de vista como se fosse uma espécie de realidade ou verdade, elas começam a vê-lo pelo que ele é – nada mais do que um interessante ponto de vista que adotaram.

Com esse entendimento, elas destravam o que decidiram que é real e verdadeiro – e podem ter uma escolha diferente.

Tente usar isso se tiver dificuldade em encontrar roupas que você realmente goste de vestir e veja o que acontece.

2. O que estou tentando evitar com esta escolha?

A segunda coisa que você pode fazer é esta pergunta: "O que estou tentando evitar com esta escolha? Digamos que você esteja tentando escolher um vestido para usar em determinada ocasião. Você experimentou um vestido e está parada na frente do espelho. Pergunte: "O que estou tentando evitar com este vestido que estou escolhendo?" Está tentando evitar parecer sexy demais? Está tentando evitar parecer fina? Está tentando evitar ter que escolher um homem que terá tanto quanto você está disposta a ter? Está tentando evitar homens que farão qualquer coisa para apoiá-la? O que você está tentando evitar com o vestido que está escolhendo? Novamente, experimente e veja o que acontece.

3. O que este vestido vai criar?

A terceira ferramenta é perguntar: "O que este vestido vai criar? Ele vai criar mais ou menos?" Uma dama sempre escolhe o que criará mais. Ela nunca escolhe o que criará menos.

Inclua seu corpo nas escolhas que você faz

Aqui vai algo mais sobre roupas e sapatos que você escolhe usar: você tem que incluir seu corpo nas escolhas que faz. Por exemplo: nem considere usar sapatos com os quais você não se sinta bem. Isso é especialmente importante quando se trata de sapatos de salto alto. Sempre compre sapatos de salto nos quais seu corpo se sinta bem. (Me disseram, acredite se quiser, que há sapatos de salto que são incrivelmente confortáveis). Entretanto, você tem que perguntar: "OK, corpo, qual desses sapatos de salto alto posso usar com facilidade?"

Quando for comprar, não busque sapatos de salto bonitos. Busque sapatos de salto bonitos que não machuquem. Pergunte a seu corpo: "Corpo, qual desses sapatos de salto fariam com que você se sentisse bem e ficariam bem em você?" Várias mulheres acham os sapatos das marcas Jimmy Choo e Manolo Blahnik muito confortáveis.

Minha impressão é de que os homens adoram ver as mulheres em sapatos de salto alto. Isso os excita. Eles gostam de pensar que você vai tirar os sapatos de salto para eles, motivo pelo qual você pode segurá-los e caminhar sem eles e, ainda assim, parecer sexy –, mas esse truquezinho não funciona para todos. Uma moça que conheço disse: "Sempre adorei tirar meus sapatos de salto alto e caminhar com eles nas mãos, mas meu parceiro detesta quando moças fazem isso. Que posso fazer?"

Respondi: "E se você dissesse, 'Querido, meus pés estão me matando. Posso tirar meus sapatos?' ou 'Você pode me carregar?' ou 'Você pode me comprar sapatos mais caros?' Se ele adora tanto vê-la de salto alto, ele tem que pagar para você ter sapatos que não machuquem. Se você realmente quer controlá-lo, pergunte: 'Querido, você se importa se eu tirar estes sapatos e este vestido?' Será fácil para você tirar os sapatos num piscar de olhos. Homens podem ser realmente bem idiotas."

CRIANDO UM RELACIONAMENTO COM UM HOMEM

Às vezes, mulheres me dizem que não têm interesse nos homens. Eu pergunto: "Tem certeza de que é verdade? Você realmente Não está interessada nos homens?"

Frequentemente elas respondem: "Bem… não exatamente", ou "não, mas…"

Eu digo: "'Não, mas' significa 'sim'."

Se elas respondem firmemente que não estão interessadas em homens, eu digo: "Então, reconheça o fato de que você não está interessada neles."

Uma das razões pelas quais as mulheres não estão interessadas em homens é que os homens são fáceis demais. Outra razão é que elas esperam que os homens sejam de uma determinada maneira. Quando os homens não são daquela maneira, as mulheres se decepcionam que os homens não se encaixam nos julgamentos, projeções e expectativas delas. Elas se separam dos homens ou colocam uma barreira entre eles.

Há também mulheres que usam seu desinteresse como uma arma ou uma ferramenta. Elas pensam que os homens vão gostar mais delas se elas estiverem desinteressadas. Essas mulheres reconhecem que quando se age de forma desinteressada as pessoas a querem ainda mais.

Não há nada errado nisso. Uma dama deve ser capaz de usar seu desinteresse como ferramenta quando assim desejar. Ela usa seu desinteresse no momento, de acordo com o que é necessário e o que vai acontecer. Ela sabe que quando você não *precisa*, as pessoas acham que você é interessante.

Entretanto, quando você *está* interessada em um homem e as coisas não estão indo na direção que você queria, você pode fazer uma pergunta, "O que está certo sobre isso que não estou entendendo?" E se houver algo certo sobre o que está acontecendo ou com o que quer que seja que está fazendo, que você ainda não considerou? Fazer uma pergunta lhe dará uma perspectiva diferente sobre o que está acontecendo.

Escolhendo um parceiro

Como você escolhe um parceiro? Algumas mulheres escolhem homens que as julgam. Elas decidiram que um homem que as julga é superior aos outros e que estar com um homem que as julga prova que elas também são superiores. Porém, o homem que pensa que ele é superior sempre vai requerer que você seja menos do que é, para que ele possa manter a ideia da superioridade dele.

Outras mulheres não podem nem ver quem desejaria fazê-las felizes, porque elas nunca definiram aquilo como algo que poderiam ter ou que desejariam. Elas vivem num mundo onde os homens são vistos como vencedores ou perdedores. Em vez de procurar um homem que as apoiaria, que desejaria criar com elas e tê-las como parte da aventura de sua vida, elas procuram um que seja um "vencedor".

Elas veem um homem que não dará a elas o que elas querem e que não quer fazê-las felizes, então o consideram um vencedor, porque ele não tem interesse nelas. Elas veem qualquer homem que esteja totalmente interessado nelas como inútil. Ele está interessado nelas – então, obviamente, é um perdedor.

Por exemplo, uma amiga decidiu que queria um rapaz em particular que era um perfeito babaca. Entretanto, ele não queria ficar com ela. Ao mesmo tempo, havia outro cara que queria adorá-la, mas ela não queria ficar com ele porque ele era um "perdedor". Perguntei a ela: "O que o torna um perdedor? O fato de que ele gosta de você?"

"Ah, ele não conta." - ela disse. "Ele é apenas um cara legal." Bem, ela acabou mudando o ponto de vista em relação a ele. Quase nove anos mais tarde, eles têm uma conexão incrivelmente viva, divertida e sexy e o relacionamento deles ainda está crescendo e mudando.

Escolher a pessoa certa para você não se trata de ver alguém do outro lado de uma sala lotada e dizer: "Meu Deus, adorei aquele ali!" Você nem o conhece! Sempre que conheço alguém interessante, pergunto a mim mesmo se eu poderia conviver com aquela pessoa. Conviver com alguém é escolher continuamente. Você pode se casar com qualquer pessoa num piscar de olhos, mas será que consegue viver com ela? *Essa* é a questão.

A elegância de sempre saber o que você quer

Muitas pessoas dizem que estão procurando um parceiro, mas o que elas na verdade querem é alguém que faça as coisas que elas não querem fazer. Isso não é um parceiro. É um escravo, um servo ou um criado – alguém que fará aquilo que elas mandarem, sem questionar. Se isso é o que você está procurando, esteja disposta a reconhecê-lo – porque você pode ter isso, se desejar.

Uma senhora me contou como inspirou um homem a fazer tudo para ela. "Mas está demorando demais para que isso se pareça com um relacionamento", disse ela. "Estou ficando muito impaciente. Não sei se vai funcionar."

Eu disse: "Você está perguntando 'Eu conseguiria conviver com essa pessoa?'"

"Bem, não", disse ela. Na verdade, é realmente difícil conviver com ele. Eu gosto de ter meu espaço."

Ressaltei que "é realmente difícil" é uma conclusão, não uma pergunta.

Ela deu de ombros e disse: "Bem, simplesmente sei do que eu gosto."

Eu disse a ela que achava que, na verdade, ela não queria ter um parceiro em sua vida. "Você quer um servo", eu disse. "Alguém que fará o que você quiser, quando você quiser." Se reconhecer isso, pode conseguir alguém que será seu servo. Muito fácil. A sutileza de ser uma dama é a elegância e a não necessidade de sempre saber o que você quer e como consegui-lo.

"O que você quer criar? Não se faça de errada pelo que você deseja. Não a culpo por querer alguém para servi-la. Por isso contrato pessoas para trabalharem para mim. Contrato pessoas para serem meus escravos, e sou muito bom para elas, assim elas trabalham mais. Sou um bom amo e senhor. Não as maltrato, mas fico pedindo coisas o tempo todo. Se você quer que este homem seja um servo, você precisa pagar mais e ser muito boa para ele." Uma dama manipula o homem para que ele faça o que ela quiser e ela não tem um ponto de vista sobre isso. Ela não se julga.

A sutileza de ser uma dama é a elegância de sempre saber o que você quer e como consegui-lo. Julgamentos a mantêm longe de ter tudo que você deseja. Uma dama sabe que tem escolha e que não tem que manter um ponto de vista fixo ou moralista sobre nada. Ela está disposta a ser pragmática sobre o que vai funcionar para ela.

O que você tem que estar disposta a ser, que não está disposta a ser,
que lhe daria tudo que você deseja com total facilidade?

O propósito de uma parceria

Há os que serão seus servos com prazer, mas ter um parceiro é algo completamente diferente. O propósito de uma parceria é ter alguém com quem trabalhar, que expandirá e contribuirá para aquilo que você é capaz. Você escolhe ter uma parceria com alguém, pois isso expande possibilidades. Por exemplo, eu tenho uma parceria não sexual com Dain Heer, porque isso expande as possibilidades para nós dois. Nós compartilhamos uma casa porque isso expande as possibilidades. Compartilhamos um rancho porque isso expande as possibilidades. Compartilhamos uma realidade financeira, pois isto expande as possibilidades.

Faça perguntas e esteja disposta a saber que você sabe

Uma dama é sempre capaz de ver quem vai ser uma contribuição para a vida dela e expandir as possibilidades. Ela escolhe um parceiro com base no que ela sabe – não por causa de uma qualidade ou característica particular que um homem possui.

Não se trata de ter motivos e justificativas para o que você escolhe. Você tem que fazer perguntas. Você tem que ser curiosa e estar disposta a saber o que sabe sobre a pessoa à sua frente. Quando se trata de um homem no qual você esteja interessada como parceiro, faça perguntas deste tipo:

+ Este é alguém com quem quero passar tempo?

+ Este é alguém que seria divertido para mim?

+ Este é alguém que contribuiria para minha vida e a tornaria melhor?

+ Este é alguém com quem quero viver minha vida?

+ Como será conviver com essa pessoa?

Muitas pessoas têm o ponto de vista de que se o sexo for bom, elas podem conviver com alguém. Sexo não tem nada a ver com conviver com a pessoa. Pergunte:

+ Como é estar na companhia dele?

+ Como é estar no espaço dele?

+ Como é quando tudo funciona?

O que se requer para encontrar um homem que possa ser parte da sua vida? Alguém com quem você possa conviver com grande facilidade? Um homem com quem você poderia contar e que a apoiaria em tudo que você deseja criar, agora e no futuro? E quanta diversão você poderia ter com ele?

Um homem sem pontos de vista

E se você escolhesse um homem que não tem pontos de vista? Um homem sem pontos de vista é o cara que diz: "Oi, gostei de você. Quer brincar?" Ele é o tipo de homem que a maioria das mulheres nunca escolhe. Um homem sem pontos de vista não vai ser seu servo. Ele vai olhá-la quando você estiver sendo insana e perguntar: "O que você está fazendo?" Por que você está sendo insana nesse momento?" Por que ele vai perguntar isso? Porque você está sendo insana no momento!

Ele não vai julgá-la ou lhe contar mentiras, nem vai concordar exatamente com tudo ou apoiar qualquer coisa. Porém, você sempre poderá contar com ele. Ele desejará que você seja tudo o que é. Ele não vai requerer que você seja menos do que é para estar com ele. Este é um homem que vai ansiar por lhe adorar. Ele vai pensar que você é a coisa mais maravilhosa no mundo.

Você também pode perguntar:

+ Será que realmente gosto deste homem?

+ Ele é uma pessoa que fica na pergunta?

+ Ou estou tentando escolher o mesmo tipo de homem que sempre escolho?

O que você deseja em um relacionamento?

Você tem que saber o que deseja num relacionamento. Se não está obtendo isso no relacionamento em que está, precisa encontrar alguém que lhe dará o que você deseja e merece. Muitas mulheres começam um relacionamento e depois continuam – mesmo que não esteja funcionando para elas. Uma dama nunca tem que fazer isso. Ela segue em frente quando o relacionamento não está funcionando. E ela não desiste simplesmente. Ela diz: "Esse não está funcionando. Próximo!"

Pergunte-se: "O que desejo em um relacionamento?" Por exemplo, você deseja um homem que será um bom pai? Se isso é o que deseja, você pode ter. Entretanto, por favor, faça perguntas. Será que um homem que é um bom pai vai lhe dar tudo o que você deseja? Ou isso dará a ele o que ele deseja?" É mais provável que isso dê a ele o que ele deseja, pois há vários homens que querem ser bons pais. E eles já decidiram o que ser um bom pai é. Eles tomaram uma decisão sobre que aparência isso tem.

Esteja ciente de que não há pergunta quando você diz: "Quero um homem que seja um bom pai." E como seria ir para a conscientização e não para a conclusão? E se você perguntasse:

+ O que faria deste homem um bom pai?

+ O que faria deste homem um mau pai?

Você também tem que olhar para onde você se acha nesta equação como uma boa mãe. Quando vai para a conclusão, você elimina sua consciência do que é possível e se fixa ao que decidiu ou concluiu. Uma dama está sempre disposta a fazer perguntas e ter uma conscientização. Uma mulher está apenas disposta a ter conclusão.

O que você está tentando criar?

Uma dama é sempre uma líder no relacionamento. Quando é uma dama, você pode determinar se está disposta a criar com um homem. Não se trata do que *ele* está disposto a criar com você. Por outro lado, uma mulher está sempre tentando descobrir como pode estar no controle e conseguir o que ela "precisa" em um relacionamento.

Como você vai atrás do que deseja sem ser carente? Bem, quando está sendo carente, você tenta fazer de tudo para estar no controle. Entretanto, quando não tem necessidade, você é uma líder que incentiva as pessoas a criarem.

Como uma dama, você pode ter total consciência do que um homem quer *e* total consciência do que você deseja. Você tem a habilidade de criar ambos. Como você faz isso? Você pergunta: "Como uma dama, o que eu gostaria de escolher aqui?"

E se você não tivesse que estar no controle?
E se você simplesmente pudesse ser a líder num relacionamento?

Vontade Indômita

Você tem um homem que busca destruição? Você tem um que se alinha com os pontos de vista de outras pessoas? Ou você tem um homem que finca o pé na própria realidade e cria uma possibilidade diferente? Como seria estar disposta a estar ao lado de um homem assim?

Vontade Indômita é um filme que a convida a olhar para o tipo de homem que você tem em sua vida. Patricia Neal atua no papel de Dominique Francon, a filha obstinada de um arquiteto renomado. Em alguns aspectos, ela não funciona como uma dama, mas sempre age com integridade, o que é uma qualidade que uma dama sempre tem. Ela é senhora de si e sabe o que é verdadeiro para si.

Dominique se apaixona pelo personagem de Gary Cooper, Howard Roark, um arquiteto talentoso e intransigente. Ela vê que ele possui tamanha integridade a ponto de se tornar presa fácil no mundo selvagem dos negócios. Uma dama vê algo assim e pergunta: "Que escolhas tenho aqui?"

Dominique diz a Howard: "Não quero ver você ser destruído." E o deixa. As pessoas realmente tentam destruir Howard. No final das contas, Dominique decide juntar forças com ele. Ela luta com ele e se torna tudo que queria e consegue tudo que deseja. Ao escolher lutar com Howard, Dominique se torna uma líder para o mundo. Ela cria uma possibilidade diferente.

Este filme lhe dará um quadro do conflito com o qual você está lidando continuamente quando tenta lutar pelo seu próprio ponto de vista ou contra o homem que talvez pudesse retirar o seu ponto de vista. Um homem que realmente se importa com você nunca lutará contra você. Ele somente lutará com você. Juntos vocês podem criar muito mais.

Uma dama vê um homem não como um problema, mas sim como um presente. Ela não o vê como um inimigo, mas como uma pessoa que é uma contribuição para ela, que torna possível para ela receber mais em sua vida. Esse não é um ponto de vista que a maioria das mulheres tem.

**TAREFA
DE CASA**

**assista ao filme
*Vontade
Indômita***

ESCOLHENDO COMUNICAÇÃO E COMUNHÃO EM SEU RELACIONAMENTO

Uma participante da classe falou sobre querer estar em comunicação íntima com seu parceiro. Ela disse: "Uma energia se apresentou no nosso relacionamento que não nos permite estar em comunhão. A forma como nos comunicamos me desorienta. Tento fingir que tudo está bem, mas acabo sentindo que tenho que falar com ele de uma certa maneira, ignorá-lo, ou estar pouco ou nada disponível."

O que ela estava descrevendo não era comunicação. É uma insanidade que muitas mulheres usam para fazer com que um homem faça o que elas querem que faça, quando elas querem que ele faça. Pode funcionar como um meio de controlá-lo, mas não cria comunhão – e nem mesmo é uma boa maneira de controlá-lo. Você não está presente na sua própria vida quando faz isso. Há outra escolha disponível. O fato é que nada pode evitar que você esteja em comunhão, se você escolher comunhão.

Comunicação real

Comunicação real ocorre quando você entende que você e a outra pessoa não estão realmente se comunicando e pergunta:

✦ O que será que estou tentando criar com essa comunicação esquisita pra caramba que estou escolhendo?

✦ Que mentira estou usando para criar o que estou escolhendo?

✦ O que não estou realmente disposta a ver sobre ele?

✦ Estou disposta a saber tudo sobre ele?

✦ Ou estou fingindo que quero saber algo?

Você também tem que olhar para a pessoa com quem está falando e perguntar:

✦ O que esta pessoa está realmente me dizendo?

✦ Quais são as agendas desta pessoa?

✦ O que está realmente acontecendo aqui?

Você precisa olhar para o que as pessoas estão dizendo e questionar. Desta maneira, você saberá quando elas não estiverem dizendo a verdade e a comunicação não for o que você pensava que fosse. Você tem que reconhecer que nem todo mundo realmente quer dizer o que está dizendo. Na verdade, a maioria das pessoas não quer dizer o que diz.

UM HOMEM QUE DESEJA SER UMA CONTRIBUIÇÃO PARA VOCÊ

O Movimento de Libertação das Mulheres ensinou às mulheres que elas tinham que criar o futuro delas sozinhas ou escolher um homem que as ajudaria a alcançar seus sonhos. Ele não apresentou a ideia de que elas poderiam perguntar a um homem como elas poderiam ajudá-lo a alcançar o sonho dele, nem apresentou a possibilidade de que as mulheres poderiam criar junto com seus parceiros. Isso criou confusão em muitos relacionamentos.

Uma participante da classe falou sobre ter o ponto de vista de que ela e seu marido deveriam apoiar um ao outro, mas ao mesmo tempo, ela expressou a necessidade de criar seu próprio futuro.

Outra participante disse que nunca havia recebido a contribuição ou o apoio que desejava ter de um homem. Ela disse à classe: "Agora, estou num relacionamento com um cara que deseja ser uma contribuição para mim. Ele possui uma enorme capacidade de criar e gerar e eu não sei como ser com isso. Não sei como receber isso e estou hesitante em pedir o que desejo."

Como você pede o que deseja? Você poderia dizer: "Desculpe-me por pedir isso, querido, mas eu realmente preciso. Há alguma maneira de você fazer isso para mim? E o que posso fazer por você para contribuir com o que você consegue fazer?"

Honre seu homem

Uma dama sabe que se você honra um homem, se lhe oferece ajuda para alcançar o sonho dele, ele vai honrá-la e oferecer-lhe ajuda para alcançar o seu. Como seria se um homem estivesse apoiando você, seu futuro e seus desejos, e vice-versa? Você alguma vez já pediu para ter alguém que quisesse isso em sua vida?

Como você cria esse tipo de parceria verdadeira? Você começa por honrar seu homem. Já que a maioria dos homens não sabe como honrar uma mulher, você tem que mostrar a ele como se honra. Você apresenta coisas para ele de uma forma que ele possa entender. Você diz: "Nossa, querido, estou tão impressionada com tudo de que você é capaz. Como posso ajudá-lo a alcançar seu sonho?"

Se você mostrar a um homem o que é honrar, ele vai honrá-la e tratá-la com a mesma consideração. Se ele não a honra e não a trata com consideração, largue-o! Não fique com um homem somente por que ele está ali. Saiba que há muitos peixes no mar. Se você pescou um, pode pescar outro.

Criando com um homem

Uma dama aborda um relacionamento a partir da pergunta "Como estamos criando isso?" Quando você funciona a partir dessa pergunta, uma realidade diferente ocorre. Um homem vê uma dama como alguém que cria com ele a partir de uma possibilidade diferente. Ele fica feliz que estejam criando coisas juntos, sexualmente e de outras formas.

Para criar desta maneira, você tem que estar na pergunta: "Como posso ser algo com este homem que requeira que ele crie comigo?" Uma dama *requer* que um homem crie com ela; ela não *precisa* que ele crie com ela.

A maioria das mulheres pensa que precisa que os homens façam coisas para elas. Criar com um homem não é algo que é real para elas, então elas dizem coisas do tipo: "Preciso que você faça isso." O que significa isso? Significa "Você fará isso ou vai morrer." Se é um relacionamento verdadeiro o que você deseja, isso não vai funcionar. A pergunta que você tem que fazer é: "Como posso fazer esta pessoa criar comigo?"

Veja seu parceiro como um elemento criativo em sua vida

Eu e meu amigo e sócio Dain Heer temos uma parceria não sexual ótima. Nós moramos juntos, facilitamos classes juntos e fazemos muitas coisas juntos. Recentemente, eu disse a ele: "Temos que sentar e descobrir o que queremos criar juntos, porque sei que se trabalharmos nisso, poderemos criar muito mais." Isso é algo que você também pode fazer.

A maioria das mulheres criou seu relacionamento a partir da pergunta: "Como posso conviver com este homem?" Elas olham para o futuro como se fosse separado do futuro do homem. Essa não é sua melhor escolha. E se você visse seu parceiro como um elemento criativo em sua vida? O que vocês poderiam criar juntos? Você precisa perguntar:

+ O que realmente podemos criar juntos?

+ O que é possível que ainda não consideramos?

+ Como posso guiar meu homem ao seu brilhantismo com total facilidade?

Como vocês podem começar a criar juntos?

Se estiver disposta a ser como um elemento criativo com seu parceiro, você pode criar mais para ambos. Porém, esteja ciente de que pode ser que não seja total felicidade e leveza no começo, se vocês não entraram no relacionamento com a ideia de que poderiam criar juntos. Ainda assim, você pode mudar isso, se desejar. Você tem que ser uma dama que tem a força de continuar diante do desejo de desistir. Você tem que ver o que pode mudar que criaria uma realidade diferente para você e seu parceiro.

Se isso é algo que parece interessante para você, aqui vão algumas perguntas, para começar:

+ O que poderíamos criar juntos?

+ Se trabalharmos juntos, o que você acha que poderíamos criar que geraria muito dinheiro para nós?

+ No que podemos trabalhar juntos que poderia criar algo mais grandioso?

Fazer isso pode ser difícil no início, se você teve confrontos anteriores sobre o assunto. Infelizmente, por causa do lugar onde a realidade masculina/feminina está agora, a tendência a que isso ocorra é extrema. Como você sai de toda essa confrontação e conflito? Sente-se no colo dele, abrace-o e diga: "Muito obrigada por estar na minha vida. Eu sinto que nunca faço o suficiente. Fico pensando como poderia contribuir com algo que faça mais dinheiro para nós dois. Não para você, mas para nós." Espero que isso permita que você comece a falar sobre como vocês podem contribuir um com o outro de forma criativa e generativa.

Flerte, sedução e sexo

Para uma dama, sexo sempre é como uma brincadeira. Sexo não se trata de criar um resultado específico. Não "significa" nada. Ela faz sexo pela diversão que é e pelo presente que pode ser para ela e para seu parceiro. Ela sabe que sexo tem a ver com o que cada pessoa recebe.

Uma dama não tem que *tomar* para conseguir um relacionamento. Ela *contribui* para aquilo que vai criá-lo. Ela é alguém que usa estas seis perguntas antes de fazer sexo com alguém.

- ✦ Vai ser fácil?

- ✦ Vai ser divertido?

- ✦ Vou aprender alguma coisa?

- ✦ Vou ser grata?

- ✦ Vou ficar mais feliz?

- ✦ Será uma contribuição para mim e para o mundo?

Para uma mulher, sexo tem a ver com um resultado. Ela sente que tem que falar sobre sexo. Ela tem que se gabar sobre ele ou provar que está fazendo algo com sua sexualidade. Tudo na realidade de uma mulher tem a ver com conseguir um homem que vai procriar com ela. As mulheres têm que ser competitivas – do contrário, a espécie não ficaria mais forte.

Sempre que uma mulher perguntar a você sobre sua vida amorosa ou seu amado, esteja ciente de que ela está perguntando sobre ele porque você parece mais feliz do que ela. O que pode ser que ela queira saber é se seu companheiro é bom o suficiente para ela tirá-lo de você.

Tudo que você tem que fazer é responder de uma forma que vai fazê-la perder o interesse. Se você disser: "Ah, ele é muito bom, mas não acho que seja alguém de quem você gostaria. Ele é muito chato." – e ela o deixará de lado.

Sendo sexy

Você gostaria de se tornar uma dama que pode conseguir a atenção de um homem simplesmente entrando numa sala? Uma dama que consegue que um homem faça o que ela quer? Você tem a habilidade de criar isso *sendo* sexy e não *parecendo* sexy.

Muitas mulheres pensam que parecer sexy tem que ver com se vestir com roupas reveladoras ou colocar Botox e fazer plástica. Mas uma dama nunca é descaradamente sexual. Ela é sutilmente sexual e os homens a escolhem baseados no quanto ela *é* sexual, não em quão sexy ela *aparenta* ser.

Uma participante da classe, que trabalha como *stripper*, disse que ela estava tirando as roupas para alguém que saiu sem pagar. Nos dias de hoje, as *strippers* empurram energia em direção a seus clientes e estão aparentemente dispostas a desistir de tudo e mostrar tudo se seus clientes lhe derem dinheiro suficiente. Não é isso que você deveria fazer. Você deve *provocar* os homens, não dar para eles.

Havia muito dinheiro na indústria da dança erótica, mas agora há muito menos, porque as mulheres estão mostrando tudo. Os homens pagarão muito pelo que eles pensam que *talvez consigam*, mas não estão dispostos a pagar tanto pelo que eles *de fato conseguem*.

Strip-tease aparentemente se resumia a mulheres tirando suas roupas, sem realmente tirar nada. Os homens observavam as mulheres, quase sem fôlego, esperando ver algo que elas nunca mostravam totalmente. Não se tratava de ficar nua; sempre esteve relacionado a provocar. Essas *strippers* sempre pareciam que iam entregar tudo, mas na verdade, elas nunca concordaram em entregar tudo.

Aprenda a puxar energia

Como uma dama que está interessada em estar com um homem, faça apenas o que você quer fazer. Nunca faça o que você pensa que deve fazer. E não empurre energia; aprenda a puxar energia. Muitas pessoas – quando querem criar alguma coisa com outra pessoa, ou quando veem alguém com quem querem se conectar ou, ainda, quando querem algo de alguém – empurram energia para os outros. Por exemplo, os homens geralmente empurram energia para as mulheres. A energia deles diz: "Gostei de você, quero ficar perto de você, quero conversar com você." O fluxo de energia desse homem é do tipo que empurra, direciona ou força energia na mulher.

Quando alguém empurra energia desta forma, seja homem ou mulher, nossa tendência é levantar barreiras para pará-la ou tentar fugir dela. Conheço alguém que literalmente fugiu do pátio de uma concessionária de carros usados, porque o vendedor estava empurrando energia com muita força na direção dela. Empurrar energia não funciona e geralmente produz o oposto do que você quer. Você tem que aprender a puxar energia e se tornar a sedutora mais tentadora de toda a eternidade. Não é difícil. Você pode aprender a fazê-lo numa classe O Fundamento de Access Consciousness e, depois, você tem que praticar. Uma vez que consiga, você pode se divertir muito com isso.

Crie a partir da diversão

Uma dama sabe que tirar as roupas, fazer sexo, ou simplesmente ser sexy pra valer tem a ver com brincar, provocar e se divertir. Não omita o elemento da diversão em nada que fizer, principalmente no sexo.

Na classe *A Dama* que fizemos, eu insultei duas das participantes, só por diversão. Uma delas me disse: "Vai se foder, Gary!"

"Se você vai ser uma dama", disse eu, "você tem que aprender a dizer 'Vai se foder' de forma diferente. O que você acabou de dizer foi feito com força e raiva. Não foi dito com sedução."

Ela disse: "Ok, deixe-me tentar de novo. Vai se foder Gary. Vai se foder."

Eu disse: "Melhorou."

Ela tentou de novo: "Vai se foder, Gary."

"Você está chegando lá," eu disse. "Se você falasse assim para as pessoas, será que teria um resultado melhor? Você nem tem que dizer 'Vai se foder'. Você pode dizer 'Ai, meu Deus, vai se feder!' – e obter o mesmo resultado."

Outra moça acrescentou: "Vai se foder, Gary". Depois disse: "É divertido!"

Quando você cria a partir de diversão, tudo se torna possível. Quando você cria a partir de raiva, você destrói todas as possibilidades em favor do que você pensa que deseja. A raiva serve para controlar os outros. Nunca serve para criar nada.

Torne-se uma mestra da manipulação

Uma vez que se lance para criar a partir da diversão, você se torna uma mestra da manipulação. O tipo de manipulação de que estou falando não se trata de conseguir tudo que você quer, usando as pessoas. Trata-se de estar superconsciente do que as pessoas precisam ouvir para poderem fazer as escolhas que precisam fazer.

Algumas pessoas têm a ideia de que manipulação é errado. Elas dizem: "Não quero manipular os outros." Se você não estiver disposta a manipular, você não está disposta a receber. Receber é a habilidade de ter, fazer, ser e criar toda e qualquer coisa, o que significa que você não tem nenhum ponto de vista sobre o que você faz. Você simplesmente faz o que é necessário para obter as coisas que você gostaria de ter. Uma dama está sempre disposta a ser ou fazer o que se requer para obter o que ela deseja. Trata-se de sair de "O que está certo?" e "O que está errado?" e acessar "O que é possível aqui?"

Se está disposta a manipular, você pode trazer uma possibilidade mais grandiosa para a situação. Você pode despertar as pessoas para possibilidades. Se você se recusar a manipular ou não souber como fazê-lo, você tem que reagir à situação, aí tem que reagir a tudo, em vez de ser capaz de *agir*.

Digamos que você esteja com alguém que é intensamente crítico sobre você. Tente manipular a situação, dizendo a ele o quanto ele é gentil e que tudo que você é deve-se a ele. Isso é manipulação. Não é cruel. Isso simplesmente faz com que ele pare de fazer o que pensa que tem o direito de fazer.

O que vai criar mais? Julgar manipulação como ruim? Ou entender que é essencial para criar uma possibilidade mais grandiosa?

Uma participante da classe mencionou o conflito com seu marido sobre ter ajuda com os filhos deles. "Tenho que acordar cedo todas as manhãs, porque há muito que fazer", disse ela. "Tenho que preparar as crianças para a escola e me arrumar para o trabalho. Meu marido só quer dormir, mas eu realmente preciso da ajuda dele com as crianças. Minha tendência é ficar com raiva e quero dizer: 'Seu preguiçoso de uma figa, levante dessa cama e me ajude! Há mais coisas para fazer na vida do que dormir.' Como uma dama lidaria com isso?"

Eu disse a ela que uma dama o convidaria para participar da manhã. "Leve uma xícara de café", eu disse, "e o beije gentilmente nos lábios quatro ou cinco vezes, até que ele acorde. Depois diga: 'Querido, trouxe um café para você. Desculpe-me por acordá-lo, mas é que há tanto para ser feito e eu não consigo fazer tudo sozinha.' O que criaria possibilidades mais grandiosas nessa situação? Dizer a ele: 'levanta da porra da cama'? Ou se aproximar dele com beijos e café?"

Encorajando seu homem

Uma moça falou sobre querer que seu cônjuge seja mais cavalheiro. "Eu sei que não posso forçá-lo," ela disse, "ou fazer qualquer coisa para mudá-lo."

"Porém, você pode encorajá-lo", respondi. "Todas as vezes que ele fizer algo da maneira como você gostaria, diga: 'Muito obrigada pelo presente que você é na minha vida', então ele tentará cada vez mais se tornar um presente." Se fizer um boquete no seu homem depois que ele fizer algo bem feito, ele fará isso novamente para ganhar outro. Um homem faz coisas de *homem* porque ele quer que você seja feliz.

Manipulação x dominação

Quero esclarecer que não estou falando de dominação. Uma dama nunca tem que dominar e ela nunca é dominada. Ela sempre tem o espaço dominante.

Isso é conseguido através da brincadeira. Se você não estiver brincando, por que está viva? O maior presente que temos é o livre arbítrio, o que significa que você pode brincar com qualquer coisa. Agimos como se houvesse algo errado com brincar e fazer o que queremos, quando queremos, só por que é divertido para nós.

Uma camisola linda e sexy

Uma participante da classe nos disse que trabalhava à noite, enquanto seu marido trabalhava pela manhã – um sistema que estava limitando sua habilidade de ser sexy. "Ele se levanta muito cedo", ela disse, "e quando ele está dormindo à noite, eu quero trabalhar. Como posso criar o me sentir sexy nesta situação?"

Respondi: "Não suponha que há algo errado nessa situação. É uma possibilidade. Pergunte: 'O que é possível aqui com meu marido que ainda não considerei?' Talvez comprar uma camisola sexy, que desliza por todo seu corpo e faz você se sentir como a dama mais classuda do planeta. Assim, quando você for para a cama, saberá que está linda.

"Se você dormir com uma camisola linda e sexy, seu marido vai pensar: 'Como posso tirar isso dela?' Você vai conseguir que ele faça todo o tipo de coisa maravilhosa para você, pois vai querer estar mais perto de você. Um homem vai querer estar mais perto de você se funcionar como se desejasse ser seduzida. Você tem que ser o elemento de sedução. Uma camisola sexy pode ser muito sedutora. Camisetas largas também."

Conseguindo o que você quer na cama

Na cama, uma dama pode conseguir que um homem faça o que ela quer pelo tempo que ela quiser que faça. Tudo que ela tem que dizer é: "Meu Deus, assim está tão bom. Você pode fazer mais disso, por favor? Por favor, por favor, por favor? É maravilhoso. Como você aprendeu a ser bom assim?"

Não se esqueçam da última frase, moças. Será bem útil para vocês. A maioria dos homens pensa que tem que aprender a ser bom na cama, então quando você pergunta: "Como você aprendeu isso?" É uma indicação de que eles devem ter aprendido bem e de que são melhores do que os outros.

ESCOLHA, CRIAÇÃO E POSSIBILIDADE

Esta realidade foi passada para você por seus pais e outras pessoas no seu mundo: seus professores, parentes e amigos. É uma realidade baseada somente em julgamentos e um monte de blocos sólidos e limitados que alguém passou para essas pessoas, que depois passaram para você.

Se você é como a maioria das pessoas, você passou sua vida tentando escolher a partir do menu limitado desta realidade: "Você é bom. Você é mau. Você é certo. Você é errado. Você pode fazer isso. Você não pode fazer isso. Isso é possível. Isso não é possível, então nem tente." Nada nesta realidade se trata do que é possível que você nem sequer considerou.

Temos uma escolha na vida. Podemos escolher viver com base na realidade dos outros e no menu limitado que nos foi passado ou podemos escolher algo diferente. Podemos escolher viver entre as paredes da normalidade, da consistência e do julgamento, ou podemos escolher criar nossa própria realidade. Se esta realidade não está funcionando para você, perceba que você tem uma possibilidade diferente disponível.

O melhor desta realidade

Uma participante da classe me contou sobre uma amiga dela que fez algumas classes de Access Consciousness. A amiga disse a ela: "Eu entendo totalmente. Entendo a ideia de criar algo além desta realidade. É um conceito incrível, mas não me importo sobre ir além dessa realidade. Só quero as melhores partes dessa realidade. Só quero um relacionamento ótimo e uma família."

A participante da classe queria saber se sua amiga era uma dama porque ela estava escolhendo para si mesma.

"Bem, não, ela não é uma dama", eu disse. "Ela é uma mulher que está escolhendo para si mesma. Desejar o melhor desta realidade não equivale a ser uma dama. O melhor desta realidade simplesmente equivale ao melhor desta realidade."

Quem você quer ter na sua vida?

Algumas mulheres pensam que têm que agradar todo mundo. Elas querem garantir que todos gostem delas, então se ajustam e ajustam a realidade delas. Uma dama não tem que agradar os outros. Ela sabe que não se trata de como os outros veem as coisas, mas sim do que pode ser criado – e você não tem que agradar a todos para criar.

Uma dama sempre está disposta a ir além e ela inspira outras pessoas a fazerem o mesmo. Essa é sua maneira de ser no mundo. Quando você é patética, pessoas patéticas querem ficar com você. Quando você está sendo mais grandiosa, os patéticos não desejam mais estar com você, porque nunca foram inspirados a ir além.

"Em minhas amizades", comentou uma participante da classe, "ou quando estou colocando o papo em dia com as pessoas, vejo que elas apenas querem fofocar e jogar conversa fora. Não é divertido para mim. Não consigo ver o propósito disso. Acho superchato. Então, digo para mim mesma que as estou julgando."

Eu disse: "Conversa fiada é chato. Não é um julgamento; é uma conscientização. Noventa e nove por cento das pessoas no planeta são chatas."

Ela perguntou: "Tudo bem se escolho não passar tempo com elas?"

Claro! Procure pessoas com quem seja divertido estar. Pessoas que escolhem ter uma vida maior. Tudo bem deixar que as outras fiquem pelo caminho. Você tem que escolher quem você quer na sua vida. Você tem que perguntar: "Quem está disposto a ser incluído em minha vida?" Será que as pessoas que você mencionou estão dispostas a serem incluídas? Pode ser que você tenha o ponto de vista de que se você não estiver incluindo as pessoas, então está rejeitando-as – mas não é assim. Você está sendo consciente.

Se alguém a leva para jantar, você tem que fazer sexo com essa pessoa? Não. Se alguém diz que quer tê-la na vida dele, você tem que ser amiga dele? Não. Se alguém lhe convida para uma reunião e você sabe que vai ter conversa fiada e será chato, você tem que ir? Não. Se você educadamente recusar o convite e a pessoa nunca mais falar com você, na verdade isso é uma boa coisa. Você tem que olhar para o que você gostaria de criar – não para o que eles querem que você crie. Convidar alguém para lhe parar não quer dizer incluí-lo. Você tem que estar consciente de todos, tem que fazer o que vai criar mais para todos. Você tem que fazer o que vai criar maior conscientização para todos. Você também tem que ver quem não consegue embarcar na viagem consigo. Você não pode convidar as pessoas para onde elas não conseguem ir.

O que você gostaria de criar?

Será que esta realidade é suficiente para você? Ou será que você gostaria de criar algo mais? Se for o último, você deve ter a consciência do que é verdadeiro para si. Você tem que saber o que quer criar. Quando você funciona a partir da conscientização dessas coisas, pode criar algo muito mais grandioso do que o que tem atualmente. Comece fazendo essas perguntas:

- ✦ O que é verdadeiro para mim?

- ✦ O que funciona para mim, na verdade?

- ✦ O que eu desejo?

- ✦ Qual é a minha realidade?

- ✦ O que eu sei, que ninguém mais no planeta sabe?

- ✦ O que eu gostaria de criar?

- ✦ Se eu estivesse escolhendo por mim, o que eu escolheria?

O PESADO PERMEIA
A INSANIDADE DESTA
REALIDADE

Quando você se vê confinada por esta realidade, você compra as mentiras sobre o que é e o que não é possível. Você compra uma mentira e, depois, olha para a verdade da mentira, em vez de perceber o peso dela. O pesado que você percebe quando acredita numa mentira é sempre uma pista. Por outro lado, quando algo *é* verdadeiro para você, a energia parece leve, que nutre e é espaçosa. Se não é verdadeiro para você, a energia vai parecer distorcida, pesada ou densa. O pesado permeia a insanidade desta realidade. Você tem que permitir a conscientização em sua vida e não comprar a mentira.

Quantas mentiras desta realidade você está usando
para criar o que não funciona em sua vida?

Por toda a nossa vida fomos ensinados a acreditar nas mentiras desta realidade. Você enxerga isso? Para não ser confinado por essas mentiras, você tem que estar disposta a ter conscientização e confiar no seu saber, sem tentar decifrar as coisas. Você poderia ter tanta facilidade em sua vida se apenas escolhesse ter!

Onde você não tem permitido sua conscientização em sua vida?

Consequência e criação

Uma das mentiras dessa realidade é a ideia de que há consequência para tudo que você escolhe. É a ideia de que haverá uma consequência (ou uma dificuldade, ou um efeito posterior) para cada escolha que você faz. Entretanto, consequência não existe. É uma mentira que é usada para controlar você. Não há nenhuma *consequência* que ocorra como resultado de sua escolha – mas há uma criação que ocorre quando você faz uma escolha. Isso é porque escolha sempre cria. Tudo que você escolhe, cria.

Alguma vez você escolheu dormir com alguém e depois isso não criou o que você queria? Por que não criou o que você queria? Porque você não estava disposta a ver o que sua escolha criaria. Você tem que estar disposta a ver o futuro que você cria com as escolhas que faz!

Damas e mulheres operam em mundos totalmente diferentes, no que diz respeito a escolha e criação. Uma dama olha para o futuro que ela está escolhendo pela escolha que ela faz. Ela sabe que não há uma *consequência*, mas sim uma *criação* que vai ocorrer, e ela está disposta a estar consciente disso. Ela não olha para nada a partir do ponto de vista de certo ou errado, de um resultado bom ou mau, porque ela sabe que escolha não cria um resultado. Qualquer que seja a escolha, ela olha para: "O que isso vai criar?"

Uma dama sabe que escolha cria múltiplas possibilidades e, dessas múltiplas possibilidades, vêm múltiplas escolhas. Das múltiplas escolhas, ela pode criar perguntas múltiplas que, por sua vez, criam escolhas múltiplas adicionais, além de múltiplas possibilidades e múltiplas realidades. Ela sabe que pode escolher o que desejar e, então, pode escolher novamente.

Uma mulher faz uma escolha pensando que vai conseguir algo da maneira como ela quer. Ela está focada no resultado. Ela chega a uma conclusão sobre o que vai acontecer como resultado da sua escolha. Depois, ela procura a consequência.

Uma dama percebe o futuro que está criando com cada escolha que faz. Uma mulher se agarra ao resultado que ela pensa que vai obter.

Você está disposta a perceber, saber, ser e receber o futuro que vai criar com a escolha que você faz?

MUDANÇA, ESCOLHA E POSSIBILIDADE

A maioria das crianças espera e saúda a mudança. Elas veem mudança como uma parte normal e excitante da vida. Muitas pessoas mais velhas não querem que as coisas mudem. Eles pensam que se algo mudar, elas vão perder. Elas tentam lidar com a perda antes que percam o que quer que pensam que vão perder. Elas acham que se forem capazes de entender, aí não vão perder tanto.

Um número enorme de pessoas tem o ponto de vista de que para ter algo que querem, elas têm que desistir de algo. Em outras palavras, mudança significa perda. Mudança não é perda. É um presente que nos é dado, que a maioria de nós joga fora. O ponto de vista por trás disso é que elas vão perder se mudarem. Essa noção as trava em um lugar onde elas tentam segurar o que não está funcionando.

Elas restringem sua capacidade para mudança e criatividade, adotando pontos de vista e, então, pensam: "Ok, agora tenho tudo no lugar. Eu não tenho que mudar nada de agora em diante." Alguém uma vez me disse: "Toda mudança que fiz acrescentou algo à minha vida, mas continuo tentando evitar mudança. Não faz sentido nenhum." Isso é algo que você faz? Você decidiu e concluiu que mudança significa perda?

Conversei com uma participante da classe que me contou que ela queria viajar todo o tempo. Ainda assim, ela não estava fazendo isso.

Perguntei a ela: "O que você pensa que vai perder se viajar?"
"Meu relacionamento," ela disse.

Perguntei se ela preferia desistir do que desejava a perder o relacionamento. "Você mataria sua capacidade de criar para manter um relacionamento em existência? Isso é o que seu homem quer?"

"Eu não sei o que ele quer", ela disse. Ela nunca havia conversado com ele sobre isso. Não havia tentado descobrir o que ele desejava. Ela estava apenas olhando o que pensava que teria que abandonar se fizesse a mudança que ela desejava.

Por favor, parem de olhar para mudança como perda. Uma dama nunca vê mudança como perda. Ela sempre vê como uma expansão de possibilidades. Ela sabe que há somente mudança e diferença.

Que julgamentos, agendas, invenções e mentiras você está usando para criar o ponto de vista de que mudança significa perda, em vez de possibilidade?

"Se eu fizer isso, algo mais grandioso será criado?"

Há pouco tempo, estávamos tendo problemas com as pessoas que estavam fazendo a contabilidade para Access Consciousness, e estava claro para mim que tínhamos que criar uma mudança. Eu queria dispensar todos e recriar a equipe de contabilidade, mas amigos me disseram: "Você não pode dispensar sua equipe de contabilidade! Seu negócio vai para o buraco." Fui em frente e demiti todos assim mesmo e, dentro de duas semanas, nossa nova equipe tinha colocado tudo nos trinques. Agora temos uma equipe que controla nossas finanças de forma apropriada.

Você jogou fora o presente da mudança?

Você acha que mudança é algo que tem que ser controlado? Ou que tem que acontecer de uma determinada maneira? Ou que você tem que saber para onde está mirando antes de mudar algo? Não tem! Tudo que você tem que fazer é perguntar: "Vai criar mais se eu fizer isso? Sim ou não?" Isso é o suficiente.

Apenas você sabe o que é realmente importante para você. Somente você sabe a que não gostaria de se apegar. Um dos maiores medos relacionados à perda que as pessoas têm é de perder o juízo. Elas podem dizer coisas do tipo: "Tenho pavor de perder meu juízo porque, se o perdesse, não saberia quem sou." Entretanto, na verdade, se você perdesse o juízo, você simplesmente teria que recriar-se. Você teria que mudar tudo. Você teria que mudar a cada momento. Essa é a mudança que você está evitando. Você está usando sua mente para evitar mudança.

Por exemplo, eu tinha ações na Austrália que subiram dinamicamente desde quando as comprei e estavam valendo um bom dinheiro. Eu estava conversando com alguns amigos sobre investir esse dinheiro em um rancho e eles disseram: "Não mude nada. Você pode ganhar muito mais se deixar o dinheiro lá onde está." Eu queria criar algo mais grandioso, então me perguntei: "Vai criar algo mais grandioso se eu investir nesse rancho? Sim ou não?" Recebi um sim, então eu disse: "Ok, está feito!" Vendi minhas ações e Dain e eu investimos num rancho que tem o potencial de criar algo ainda mais grandioso para nós.

Quando você está disposto a perder tudo
é o momento em que você pode criar qualquer coisa.

Indo além do que você pode imaginar

Para ser uma dama, você tem que ir além do que pode imaginar. Uma dama sabe que fazer escolha não se trata de acertar ou errar. Não se trata de ganhar ou perder. Trata-se de escolher. Então, escolha! Confie em você ao escolher a mudança. E pergunte:

+ Esta é a mudança que desejo e requeiro?

+ O que esta mudança criará?

+ O que esta mudança acrescentará à minha vida?

E se você for a energia que convida uma completa mudança a ocorrer?

Mudança é a única coisa que vai criar o mundo que precisamos ver

Quando mudança e possibilidade estão na sua cabeça – quando são uma coisa cognitiva – você apenas é capaz de ir até certo ponto com elas. Porém, quando as cultiva, elas se tornam uma energia que transforma cada pessoa com quem você tem contato. Você cria um efeito de propagação no universo, que se move de pessoa para pessoa, mudando-as com total facilidade. Mudança é a única coisa que vai criar o mundo que precisamos ver.

Poucas pessoas no planeta estão dispostas a ter total consciência. É uma possibilidade que elas não estão dispostas a ter. Elas evitam a consciência total e evitam ser a dama que podem ser com essa consciência. Entretanto, eis a questão: consciência total pode presentear além dos seus sonhos mais loucos.

Que energia, espaço e consciência você pode ser que convidaria e requereria mudança total com total facilidade?

CONTRIBUINDO PARA
O UNIVERSO

Muitas pessoas têm o desejo de contribuir para o universo, mas por cima desse desejo estão os julgamentos sobre o que é contribuição e sobre o que não é. Quando as pessoas aceitam esses julgamentos como verdade, elas vacilam e perdem a confiança em si. Elas acabam desejando estar certas, mais do que contribuir. Elas querem fazer a escolha "certa", mas não sabem o que isso é. Elas são como ratos correndo em círculos, perguntando: "Aonde vou? O que faço? O que escolho?"

Quanta energia você está usando para criar o certo de você, a fim de que possa evitar a mudança e nunca estar errado de novo?

Uma dama não faz nada disso. Ela deseja ser uma contribuição para o universo. Ela confia que quando escolhe criar tudo que deseja, as pessoas ao seu redor terão que mudar – e então, tudo pode se tornar uma possibilidade.

Para ser uma dama, você deve ir além do que pode imaginar. Uma dama não requer ou deseja – exceto quando se trata de mudança. Ela simplesmente sempre está disposta a receber e alcançar. Ela fica presente e contribui para o universo, independentemente do que essa contribuição possa parecer ou de como possa aparecer. Ela sabe que fazer uma escolha não significa acertar ou errar. Significa escolher. Então, simplesmente escolha! Confie em si mesma. E pergunte:

"É esta a mudança que desejo e requeiro?"

Se você criasse tudo que deseja, quantas pessoas ao seu redor teriam que mudar? Se você está disposta a ser uma contribuição para o universo, todos *poderiam* mudar e tudo se tornaria uma possibilidade.

E se você fosse a energia que convida a mudança total?

DESPERTANDO PARA O QUE
É POSSÍVEL

Por fim, o presente de uma dama é estar disposta a receber total conscientização acerca de tudo, *absolutamente tudo*. A arte e o presente da criação é despertar para a conscientização do que é possível – algo que a maioria das pessoas nunca escolheu.

Para receber o presente de ser uma dama, você tem que se tornar uma Senhora de Possibilidades. Esta qualidade de ser de uma dama traz à mente a Senhora do Lago, a encantadora que deu ao Rei Artur a espada mágica, Excalibur. Como uma dama, você pode integrar as coisas tidas como impossíveis à esta realidade, mas como mulher, você somente pode fazer o que esta realidade lhe permite. Uma mulher acredita quando lhe dizem que ela não pode fazer certas coisas. Uma dama é mais esperta.

O que você, como dama, verdadeiramente gostaria de ter em sua vida? Você tem que estar disposta a ver o que realmente é possível para você, não o que acha que deveria ou não deveria ser possível – e, certamente, não o que outras pessoas lhe dizem que é ou não é possível. Trata-se da realidade dentro de você, que é um lugar onde não há pontos de referência. Há apenas possibilidades.

Um ponto de referência é uma ideia que você usa para fazer um julgamento sobre uma situação. Sempre que você tem um ponto de referência, você está olhando para uma mentira, enquanto todas as vezes que você está na sua consciência, você vê as coisas como são. Quando você está em total consciência, há apenas pergunta e possibilidade; não há referência para nada. Tudo é uma outra fonte de possibilidades. Você tem que estar disposta a ter aquela conscientização sem tentar decifrar as coisas. Você poderia ter muita facilidade ao escolher tê-la.

Criando a partir de possibilidades

Quando você está sendo uma dama, vê o que é possível. Você vê o que é desejado e fica disposta a fazer o que se requer para criá-lo.

Mulheres estão sempre tentando ser a dominadora – aquela que ganha. Elas querem ser a mulher no centro das atenções, mas essa ideia é baseada em conclusões e julgamentos. A dominação requer que você trave uma batalha. Nunca se trata do que é possível.

Uma dama está disposta a ser a fonte do futuro. Ela se volta para a criação do futuro – colocando as coisas no lugar agora, que criarão possibilidades daqui a um ano, dois anos, cinco anos, vinte anos e cinquenta anos. Uma mulher está apenas disposta a controlar o que vai acontecer amanhã. Nada tem que ser mais grandioso do que o dia depois de amanhã.

O que se requer para que você olhe para algo e veja que há uma possibilidade mais grandiosa? O que se requer para que você pergunte: "Qual é a possibilidade mais grandiosa aqui?"

O que você sabe, que absolutamente se recusa a saber, que se realmente soubesse, eliminaria tudo que não permite que seja a dama que você de verdade é e crie um futuro sempre baseado em possibilidades?